# Schriften
des
# Vereins für Sozialpolitik.

## Deutsche
## Zahlungsbilanz und Stabilisierungsfrage.

Im Auftrage des Vereins
veranstaltet von
**Karl Diehl und Felix Somary.**

**164. Band.**

Gutachten, herausgegeben von Emil Lederer.

Erster Teil.

## Valutafrage und öffentliche Finanzen in Deutschland.

Verlag von Duncker & Humblot.
München und Leipzig 1923.

# Valutafrage und öffentliche Finanzen in Deutschland.

Von

Walther Lotz.

Verlag von Duncker & Humblot.
München und Leipzig 1923.

Altenburg
Piererſche Hofbuchdruckerei
Stephan Geibel & Co.

# Inhaltsübersicht.

Teile dieser Abhandlung wurden vom Verfasser in der gemeinsamen Sitzung der philosophisch-philologischen und der historischen Klasse der bayerischen Akademie der Wissenschaften am 13. Januar 1923 zuerst vorgetragen.

# Valutafrage und öffentliche Finanzen.

## Die Bedeutung der Valutafrage für die öffentlichen Finanzen in Deutschland, unter besonderer Berücksichtigung der Wirkungen des Versailler Friedens[1].

### Ein Gutachten

---

[1]) Teile dieser Abhandlung wurden vom Verfasser in der gemeinsamen Sitzung der philosophisch-philologischen und der historischen Klasse der bayerischen Akademie der Wissenschaften am 13. Januar 1923 zuerst vorgetragen.

# I. Schwebende Schuld und Valutaentwertung seit Kriegsausbruch.

In der deutschen Öffentlichkeit ist die vorherrschende Meinung, daß die verzweifelte Finanzlage Deutschlands durch die Anforderungen des Versailler Friedens verschuldet sei, daß diese Verpflichtungen uns immer tiefer in die Papierwirtschaft verwickeln, und daß die Gesundung der deutschen Valuta und der deutschen Finanzen in erster Linie eine gründliche Revision des Versailler Friedens voraussetze. In der Tat ist es kaum möglich, den Zusammenhang zwischen Deutschlands Valuta und der Lage der öffentlichen Finanzen ohne Rücksicht auf die Reparationslasten und die Ausgleichszahlungen gründlich zu behandeln. Im folgenden soll versucht werden, die Schwierigkeiten für die Finanzlage sowohl unter allgemeinen Gesichtspunkten wie auch speziell unter Würdigung des Versailler Friedens darzustellen.

Der Zustand der Papierwirtschaft, d. h. des Umlaufs von uneinlöslichen Zetteln mit gesetzlicher Zahlkraft, ist aus der Finanzpolitik von 1914 hervorgegangen. Bis zur Kriegserklärung bestanden die Zahlungsmittel Deutschlands aus Goldmünzen, für deren Vollwichtigkeit bei der Ausprägung und beim Umlauf musterhaft gesorgt wurde, sowie aus Ersatzmitteln für Goldstücke, die sämtlich im Bedarfsfall in Goldstücken einzulösen waren. Etwa 4 Milliarden Mk. deutschen Goldmünzen [1]) standen gegenüber: rund 1369 Millionen Mk. im Bedarfsfall jederzeit gegen Gold einlösliche Scheidemünzen aus Silber, Nickel, Bronze mit beschränkter Zahlkraft; nach dem Reichsbankausweis vom 31. Juli 1914 2909 Millionen Reichsbanknoten, die bereits gesetzliches Zahlungsmittel, aber unbedingt in Gold einlöslich waren; 1258 Millionen Giroverbindlichkeiten der Reichsbank, außerdem ein kleiner Umlauf von jederzeit einlöslichen Privatbanknoten, von einlöslichen Reichskassenscheinen, die bis dahin nicht gesetzliches Zahlungsmittel

[1]) Nach Statist. Jahrb. f. d. Deutsche Reich 1915 S. 288 sind von 1871 bis Ende März 1915 an deutschen Goldmünzen mehr ausgeprägt als eingezogen für 5 141 203 000 Mk.; rechnet man für eingeschmolzene und ausgeführte Goldmünzen 1 141 203 000 Mk., so ergäbe sich ein Bestand von 4 Milliarden, woneben noch der Besitz der Reichsbank an Goldbarren und ausländischen Goldmünzen zu berücksichtigen wäre.

waren, ferner ein Umlauf von freiwillig genommenen Schecks und, innerhalb kaufmännischer Kreise, von Wechseln; endlich Übertragungen von Forderungen an Zahlungs Statt durch Banküberweisung für die Kundschaft und innerhalb der Abrechnungsstellen unter den Banken. Man kann sagen: die Zahlungsmittel bestanden aus Goldmünzen und jederzeit realisierbaren Forderungen auf Gold. Die Goldausfuhr war frei und ungehindert. Im Zusammenwirken mit der Privatprägung hielt sie die Schwankungen der Devisenkurse innerhalb minimaler Abweichungen von den Goldparitäten. Die gesamte Reichsschuld hatte sich Ende März 1914 auf 5 157 897 600 Mk. belaufen; hievon bedeuteten nur die 240 Millionen Mk. Reichskassenscheine eine stets fällige Schuld: 4 697 897 600 Mk., also der ganz überwiegende Teil der Reichsschuld, bestanden aus Reichsanleihen ohne bestimmten Heimzahlungstermin, denen ein nicht sehr erheblicher Betrag von 220 Millionen zu bestimmten Terminen heimzahlbarer verzinslicher Schatzanweisungen gegenüberstand [1]).

Vom 4. August 1914 ab wurden die Reichsbanknoten uneinlöslich, unter Forterhaltung ihrer Eigenschaft als gesetzliches Zahlungsmittel. Die Goldausfuhr ist seit November 1915 nur noch der Reichsbank gestattet. Die wesentlichste Änderung ist jedoch, daß an Stelle kaufmännischer Wechsel kurzfristige, unverzinsliche Schuldverschreibungen des Reichs als bankmäßige Deckung zugelassen sind. Es beginnt, wie in anderen Ländern so auch in Deutschland, die Finanzierung der Kriegsausgaben mit Inanspruchnahme von Diskontkredit seitens des Reichs bei der Zentralnotenbank. Keiner der kriegführenden Staaten — auch nicht England, das besonders erfolgreich die Besteuerung im Krieg ausnützte, um eine zu rapide Schuldvermehrung zu vermeiden —, konnte auf das Hilfsmittel der Inanspruchnahme der Zentralnotenbank verzichten. Für die deutsche Finanzierung war charakteristisch, daß jeweils im Frühjahr und Herbst, bis einschließlich Herbst 1918, eine Konsolidierung der stark anwachsenden schwebenden Schuld durch Kriegsanleihen versucht wurde. Man brachte teils 5 % ige Reichsanleihe ohne Tilgungspflicht, teils 5 % ige und später $4^1/_2$ % ige planmäßig zu tilgende Schatzanweisungen beim Sparpublikum unter und verwendete den Erlös, um schwebende Schuld zu tilgen. Schon vor Abschluß des Kriegs, Ende März 1918, waren die langfristigen Schulden des Reichs auf 71 915 423 100 Mk.

---

[1]) Vgl. Statist. Jahrb. f. d. Deutsche Reich 1921/22, S. 367.

angewachsen, während die schwebende Schuld sich bereits auf 33 388 500 000 Mk. belief[1]).

Neben den Banknoten wurden im Kriege noch andere uneinlösliche Zettel in Umlauf gesetzt. Abgesehen von dem Notgeld der Gemeinden, welches nach Kriegsschluß allmählich wieder verschwunden ist, begegnen als eigentliches Staatspapiergeld die seit Kriegsausbruch uneinlöslichen und mit Zwangsumlauf versehenen Reichskassenscheine, deren Betrag von 240 auf 360 Millionen gesteigert wurde, außerdem die Schuldverschreibungen der unter Verwaltung der Reichsbank begründeten Darlehenskassen. Der Gesamtbetrag der ausgegebenen Darlehenskassenscheine betrug Ende März 1918 8 650 000 000 Mk.; hiervon liefen im freien Verkehr 6 993 523 516 Mk. um, während der Rest größtenteils bei der Reichsbank lag. Die Reichsbank hat in einer schwer zu rechtfertigenden Weise die Genehmigung erhalten, diese uneinlöslichen Zettel, ebenso wie die uneinlöslichen Reichskassenscheine, zu ihrem Barvorrat zu rechnen[2]).

Bis Ende März 1918 war jedoch der Notenumlauf der Reichsbank keineswegs in demselben Maße gestiegen, wie sich die unverzinslichen, durch Diskontierung begebenen schwebenden Reichsschulden vermehrt hatten. Ende März 1918 betrug der Umlauf von Reichsbanknoten 11 977 807 000 Mk., wozu 9 029 669 000 Mk. sonstige stets fällige Verbindlichkeiten (Giroguthaben öffentlicher Kassen und der Privatleute) hinzutraten. Die Anlage der Reichsbank an diskontierten Wechseln, Schecks und Reichsschatzanweisungen betrug Ende März 1918 16 034 259 000 Mk. Spielten auch damals die kaufmännischen Wechsel in der Anlage der Reichsbank eine minimale Rolle, und war sie auch im wesentlichen ein Diskontierungsinstitut für Reichsschatzanweisungen,

---

[1]) Nach Statist. Jahrb. f. d. Deutsche Reich 1921/22 Stand am 31. März 1918: Fundierte Schuld: 64 122 580 700 Mk. Reichsanleihe, 7 792 842 400 Mk. verzinsliche Schatzanweisungen; schwebende Schuld: 360 Mill. Mark Reichskassenscheine und 33 028 500 000 Mk. unverzinsliche Schatzanweisungen, die in der Öffentlichkeit in unentschuldbarer Ungenauigkeit oft als Schatzwechsel bezeichnet werden, während es sich fast durchweg um Inhaberpapiere handelt.

[2]) Nach dem Bericht „Die Darlehnskassen des Reichs im Jahre 1918“, Berlin 1919, S. 10, waren am 30. März 1918 von der Gesamtsumme der ausgegebenen Darlehnskassenscheine

| | | |
|---|---|---|
| | 1 536 476 484 | Mk. in den Beständen der Reichsbank, |
| | 120 000 000 | „ als Deckung von Reichskassenscheinen hinterlegt, |
| | 6 993 523 516 | „ im freien Verkehr, |
| Gesamtsumme | 8 650 000 000 | Mk. |

so war jedenfalls doch noch Ende März 1918 und seitdem bis Ende Oktober 1921 der größere Teil der diskontierbaren Reichsschatzanweisungen nicht bei der Reichsbank, sondern bei Privatleuten, Kreditbanken, Versicherungsgesellschaften und Industriellen außerhalb der Reichsbank untergebracht.

Zur Inflation tragen unmittelbar nur die bei der Reichsbank diskontierten Schatzanweisungen bei, die außerhalb der Reichsbank untergebrachten nur insofern, als hier die Möglichkeit einer Rediskontierung bei der Reichsbank stets in Betracht kommen kann.

Der Pariwert der deutschen Reichsmark mit Gold war bereits während des Krieges nicht aufrechtzuerhalten. Hätte man nicht ein Goldagio verboten [1]) und außerdem wirksam das deutsche Volk beeinflußt, sein Gold zur Reichsbank zu tragen, so würde jedermann an der Notiz eines Goldaufgeldes die sich anbahnende Entwertung der Papiermark sichtbar wahrgenommen haben. Der Fachmann konnte diese Tatsache an den Abweichungen des Preises der telegraphischen Auszahlung Schweiz vom Goldpari erkennen. Im Durchschnitt des Jahres 1918 wurden in Deutschland 131,42 Papiermark statt 81 Mk. für 100 Fr. Auszahlung Schweiz bezahlt. Am Dollarkurs konnte man, solange die Friedensbeziehungen mit Amerika noch nicht wieder hergestellt waren, damals die Markentwertung nicht messen [2]).

Die deutsche Valuta war bereits bei Kriegsende krank; aber die Krankheit war nicht unheilbar. Und auch andere kriegführende Länder Europas waren in ähnlicher Lage wie Deutschland. Freilich hatten England und Frankreich bereits während des Krieges eine von der

---

[1]) Vgl. Bekanntmachung über die Unverbindlichkeit gewisser Zahlungsvereinbarungen vom 28. September 1914 (RGBl. S. 417) und Bekanntmachung betreffend Verbot des Agiohandels mit Reichsgoldmünzen vom 23. November 1914 (RGBl. S. 481). — Vgl. auch Bekanntmachung vom 13. November 1915 betr. Verbot der Ausfuhr und Durchfuhr von Gold (RGBl. S. 763).

[2]) Vgl. Statist. Jahrb. f. d. Deutsche Reich 1921/22 S. 276. Ebenda S. 275 sind über Zürich für die Zeit vom April 1917 bis Juli 1919 errechnete, sonst wirklich in Newyork notierte Kurse der Mark mitgeteilt:

| | | | |
|---|---|---|---|
| 1914 | Jahresdurchschnitt | 23,39 | Cents |
| 1915 | " | 20,60 | " |
| 1916 | " | 18,19 | " |
| 1917 | " | 15,17 | " |
| 1918 | " | 16,94 | " |
| dagegen März 1922 | | 0,37 | " (eine Goldmark ist gleich 23,8219 Cents). |

deutschen etwas abweichende Bank- und Finanzpolitik eingeschlagen, in der Absicht, den Wiederaufbau der Währung nach Kriegsabschluß energisch vorzubereiten. Rudolf Will[1]) hat gezeigt, daß schon während des Krieges die Leitungen der Bank von Frankreich und der Bank von England ihre Finanzminister darauf aufmerksam machten, daß der Inanspruchnahme von Diskontierungskredit bei der Zentralnotenbank Einhalt getan werden müsse. Diese Warnungen waren in England und Frankreich erfolgreich, weil die dortigen Zentralbankleitungen einen sinnreichen Ausweg, wodurch unter Vermeidung weiterer Inflation Kredit beschafft werden konnte, zu empfehlen wußten. Man hat dort nicht unkündbare oder langfristige, sondern überwiegend kurzfristige verzinsliche Schuldverschreibungen beim inländischen Sparpublikum unterzubringen gesucht, außerdem eifrig ausländische Kredite in Anspruch genommen, um eine zu starke Inflation zu vermeiden. Demgegenüber ist auffällig, daß eine Politik fortwährender Unterbringung kurzfristiger verzinslicher Schuldverschreibungen beim inländischen Sparpublikum damals bei der deutschen Finanzleitung nicht die gleiche liebevolle Pflege fand.

Seit dem Waffenstillstand und der Revolution ist die deutsche Finanzpolitik dadurch charakterisiert, daß eine fortwährende Vermehrung diskontierbarer, unverzinslicher Schatzanweisungen unter gleichzeitiger Minderung der vor Kündigung gesicherten fundierten Schuld begegnet. Von 33 028 500 000 Mk. Ende März 1918 ist bis September 1922 die Schuld des Reiches an diskontierbaren unverzinslichen Schatzanweisungen bis 31. Dezember 1922 auf 1494945 Millionen Mk. gesteigert worden[2]). Die langfristigen Reichsschulden haben sich von 92 396 411300 Mk. Ende März 1919

---

[1]) Vgl. Rudolf Will, Die schwebenden Schulden der europäischen Großstaaten, Tübingen 1921. Die verzinslichen Reichsschatzanweisungen zu 5 % und 4½ % nähern sich den von Will geschilderten schwebenden, beim Sparpublikum untergebrachten Schulden der westeuropäischen Länder; nach dem Reichsbankbericht 1918 S. 10 ist übrigens durch die Reichsfinanzverwaltung einmal, nämlich Ende Juni 1918, eine Milliarde 4½ %ige, am 1. April 1924 fällige Reichsschatzanweisungen beim Publikum außerhalb der großen Kriegsanleihezeichnungen plaziert worden.

[2]) Vgl. Wirtschaft und Statistik, Januar 1923, S. 63. Zu den diskontierbaren unverzinslichen Schatzanweisungen treten noch als weitere Bestandteile der schwebenden Reichsschuld hinzu: 303 697,8 Millionen Mk. weitere Zahlungsverpflichtungen aus Schatzanweisungen und -Wechseln. 294 179,0 Millionen Mk. Sicherheitsleistungen mit Schatzanweisungen und -Wechseln.

bereits auf 65667652500 Mk. Ende März 1922 vermindert[1]). Die seltsame Finanzpolitik des Deutschen Reiches bestand also darin, Schulden zu tilgen, deren Heimzahlung nicht dringend war und deren Bestehen die Währung nicht gefährdete, und gleichzeitig in viel stärkerem Maße die schwebende Schuld und damit die Inflation zu steigern. Die Minderung der fundierten Schuld ist nur zum Teil dadurch erklärt, daß Verpflichtungen zur Heimzahlung ausgeloster verzinslicher Schatzanweisungen und ausgeloster Schuldverschreibungen der Sparprämienanleihe zu erfüllen waren. Hauptsächlich ist das Ergebnis dadurch herbeigeführt worden, daß beim Reichsnotopfer und bei anderen Gelegenheiten den Steuerschuldnern gestattet wurde, selbstgezeichnete Kriegsanleihe dem Reich in Zahlung zu geben. Selbstverständlich wurde hierdurch der Hauptzweck des Reichsnotopfers und anderer Maßnahmen, zur Minderung der schwebenden Schuld und der Inflation beizutragen, wirksam vereitelt.

Parallel mit der Politik, laufende Reichsausgaben durch weitestgehende Inanspruchnahme der Zentralnotenbank zu finanzieren, nimmt die Entwertung der Papiermark zu[2]). Der Durchschnittskurs von 100 Fr. telegraphische Auszahlung Schweiz steigt im Durchschnitt 1919 auf 371,21, im Durchschnitt 1920 auf 1045,21, im Durchschnitt 1921 auf 1869,33; am 31. Oktober 1922 hat er bereits 81 000 Papiermark erreicht. Entsprechend stieg der Berliner Dollarkurs, dessen Parität 4,1978 Mk. pro Dollar ist, im Durchschnitt 1920 auf 63,06, im Durchschnitt 1921 auf 104,57, am 31. Oktober 1922[3]) auf 4500

[1]) Dabei sind außer der seitens der Gläubiger unkündbaren Reichsanleihe und Sparanleihe auch die verzinslichen Schatzanweisungen zur fundierten Schuld gerechnet, obwohl sie in der Mitte zwischen fundierter und schwebender Schuld stehen. Jedenfalls sind sie nicht in wenigen Monaten fällig und wirken sie nicht inflationistisch. Die stärkste Minderung weist übrigens die Reichsanleihe auf, welche Ende März 1919 rund 80 988, Ende März 1922 rund 55 131 Millionen Mark ausmachte. Vgl. Statist. Jahrb. f. d. Deutsche Reich 1921/22, S. 367. Die Vermehrung der Reichsschuld wurde übrigens auch durch die Art der Überführung der Bahnen in Reichseigentum mit Übernahme der schwebenden Schulden der Länder durch das Reich wesentlich beeinflußt.

[2]) Vgl. Statist. Jahrb. f. d. Deutsche Reich 1921/22, S. 276, 277.

[3]) Vgl. „Wirtschaft und Statistik", 1922, S. 687 sowie Zirkular der Diskontogesellschaft vom 13. November 1922. Der Kurs in Berlin für telegraphische Auszahlung Zürich wurde 31. Oktober 1922 mit 810 Mk. für 1 Fr. notiert, der Wechselkurs Newyork auf Berlin mit 0,0225 $ für 100 Mk., also 0,0225 Cents für 1 Mk. gegenüber einem Goldpari von rund 23,82 Cents für eine Goldmark. Dies bedeutet, daß in Newyork 944,58, in Berlin 1072 Papiermark einer Goldmark gleichgeschätzt wurden.

Papiermark. Die Papiermark war auf weniger als $^1/_{1000}$ einer Goldmark gesunken.

Während des Krieges war eine der Markentwertung entsprechende Steigerung der Warenpreise und sonstigen Lebenskosten durch die Zwangswirtschaft und Rationierung, sowie durch die Mietenregelung hintangehalten worden. In dem Maße, wie die Zwangswirtschaft abgebaut wurde und nach lange währender Absperrung dringender Einfuhrbedarf an Rohstoffen und Lebensmitteln von Deutschland zu decken war, stiegen allmählich die Warenpreise, Löhne und Gehälter, zwar nicht parallel, aber doch in engem Zusammenhang mit der Steigerung der Devisenpreise. Welche Wirkungen dieser Valutazustände weist der öffentliche Haushalt auf?

## II. Einzelne Wirkungen der Valutaentwertung auf den öffentlichen Haushalt.

Durch die Schwankungen und die Entwertung der Papiermark wird der öffentliche Haushalt in Deutschland zunächst gelegentlich einer Anzahl einzelner Vorgänge, außerdem aber noch viel mehr in einer prinzipiell sehr wichtigen Hinsicht allgemeiner Art berührt.

Im einzelnen sind folgende Hauptwirkungen der Valutazustände naheliegend:

1. Die frühere gute Tradition, vorsichtig Voranschläge des Haushaltes aufzustellen und daran festzuhalten, daß genau nach dem Haushaltplan gewirtschaftet, womöglich Ersparnisse gegenüber dem Voranschlag erzielt werden, schwindet in Deutschland mehr und mehr. Unerwartete Veränderungen in den Ausgaben für Personal und Material, aber auch die Wirkungen unerwarteter Devisenverteuerungen auf die vorgesehenen, in Goldmark zu leistenden Zahlungen stoßen die Voranschläge um. Ein überaus summarisches Verfahren bei den Voranschlägen, vor allem bei den zahlreichen Nachtragsetats, hat sich eingebürgert. Fehlbeträge sind bei der Unmöglichkeit, exakte Voranschläge aufzustellen und genau planmäßig zu wirtschaften, eine so regelmäßige Erscheinung, daß es bereits mit Genugtuung vermerkt wird, wenn in einem Jahr bloß im Budget der Post und Eisenbahnen und der Reparationen, nicht aber in dem der allgemeinen Verwaltung, ein Fehlbetrag von Milliarden begegnet.

Die Schwierigkeiten richtiger Kalkulation, die die öffentlichen

Körper bei der Papierwirtschaft mit den Privatunternehmungen und allen Einzelhaushaltungen teilen, beschränken sich nicht auf den Reichshaushalt; dieselbe Schwierigkeit findet sich auch in den Haushaltungen der Länder und Gemeinden.

2. In dem Maße, wie sich die Teuerung bei zunehmender Markentwertung innerhalb Deutschlands steigert, wachsen die Ausgaben für Material bei den Reichsbahnen und der Post, wie ähnlich auch bei gemeindlichen Erwerbsunternehmungen. Günstige Wirkungen der Inflation, die jedoch nicht dem Reichshaushalt zugute kommen, erwachsen den Finanzen der Länder durch Mehrerträge der Bergwerke und Staatsbanken, den Finanzen der Länder und Gemeinden durch gewaltig zunehmende Forsterträge. In den Steuereinnahmen wachsen mit Zunahme der umgesetzten Papiermarksummen natürlich die scheinbar zufließenden Erträge.

3. Die wesentlichste Wirkung der Valutaentwertung zeigt sich in einer chronischen Zunahme der Ausgaben persönlicher Natur für Reich, Länder und Gemeinden. Trotz Teuerungszulagen und nominell hoher Gehalte herrscht eine fortwährende Unrast und begreifliche Unzufriedenheit staatlicher und gemeindlicher Beamter und Arbeiter.

4. Unabhängig von aller Valutaentwicklung ist nach jedem Kriege ein großer Aufwand für Kriegsteilnehmer und deren Hinterbliebene unvermeidlich. Seit der Revolution traten zeitweilig auch hiezu Aufwendungen für Erwerbslose, für Klein- und Sozialrentner und Zuschüsse zur Verbilligung der Lebensmittel. All dieser Aufwand muß notwendig bei wachsender Teuerung gesteigert werden. Trotz der Belastung der Finanzen wird das, was geleistet wird, immer unzulänglicher.

5. Besondere Posten des Reichshaushaltes, die durch jede Steigerung der Devisenpreise erhöht werden, sind: die Aufwendungen für Gesandtschaften und Konsulate, die Unterhaltung von deutschen Gräbern im Ausland, die Kosten der Geschäftsstellen für deutsche Güter, Rechte und Interessen in Frankreich, England, Rußland, die Auslagen der deutschen Auslandsvertretungen für Rechtshilfe, die Hilfsleistung bei der Aufbauvertretung in Paris, die Vertretung in Paris, die Vertretung bei den gegnerischen Ausgleichsämtern [1]).

[1]) Wie verheerend im Reichshaushalt die Devisenverteuerung wirken muß, mögen die nachfolgenden Stichproben aus dem ursprünglichen, später durch Nachtragsetats noch vielfach modifizierten Voranschlag des Reichs für die Zeit vom 1. April 1922 bis 31. März 1923 zeigen. Der Entwurf des Reichshaushaltplans für 1922

**Bei den 709 1/2 Millionen Mk. fortdauernden Ausgaben des ursprünglichen Haushaltplanes, die vom Devisenstand abhängig sind, wurden zunächst die Leistungen in Ausführung des Friedensvertrages, bei denen es sich um viel gewaltigere Summen handelt, noch nicht berücksichtigt.**

---

wurde am 23. Januar 1922 (Drucksache 3405) dem Reichstag überreicht. Im Januar 1922 war nach dem Statist. Jahrb. f. d. Deutsche Reich 1921/22, S. 277, der Berliner Durchschnittskurs für telegraphische Auszahlung Newyork 191,81 Mk. für 1 $, somit der Wert einer Goldmark 45,69 Papiermark gegen 4500 Mk. Dollarkurs Ende Oktober und 8000—9000 Mk. an einigen Novembertagen 1922. Die Regierung hielt es damals noch für genügend, das Zehnfache des Markbetrags für Auslandszahlungen als Zuschlag für Kursausgleich zu den Papiermarksummen in der Ausgabeschätzung hinzuzufügen, während später Zuschläge des Hundert- bis Mehrtausendfachen für Kursausgleich erforderlich geworden sein dürften. Zum Haushaltsplan für 1922 sind bis Ende Dezember 1922 acht Nachträge ergangen, die hier noch nicht berücksichtigt sind.

Beispiele aus den fortdauernden Ausgaben des ordentlichen Haushalts des Auswärtigen Amts für 1922 nach dem Entwurf:

| | | |
|---|---|---|
| IV, Kap. 1, Titel 7: Reisekosten, auch für Inspizierung der Auslandsvertretungen durch höhere Beamte des Auswärtigen Amts (ohne bes. Zuschlag f. Kursausgleich) . . . . . . . . . . . | | Mk. 1 380 000 |
| IV, 1, 7a: Löhne sowie Reisekosten und Frachtauslagen der Kuriere (ohne Zuschlag f. Kursausgleich) . . . . . . . . . . . . . | | „ 1 237 100 |
| IV, 1, 8: Post-, Telegraphen- und Fernsprechgebühren sowie Frachtkosten (ohne Zuschlag f. Kursausgleich) . . . . . . . . . . | | „ 3 000 000 |
| IV, 1, 9: Sächliche Ausgaben des Auswärtigen Amtes, Verein. Presseabteilung der Reichsregierung (einschließlich 5 928 500 Mk. für Kursausgleich) . . . . . . . . . . . . . . . . . . . . | | „ 12 879 800 |
| IV, 2, 1: Gesandtschaften und Konsulate . . . | Mk. 37 634 350 | |
| dazu als Kursausgleich | „ 376 343 500 | „ 413 977 850 |
| IV, 2, 2—3: Andere persönliche Ausgaben für Auslandsbeamte | Mk. 5 255 000 | |
| dazu als Kursausgleich | „ 52 550 000 | „ 57 805 000 |
| IV, 2, 5—10: Sächliche und vermischte Ausgaben bei Auslandsbehörden (einschließlich von Zuschlägen in zehnfacher Höhe für Kursausgleich) . . . . . . . . . . . . . . . . . . . . | | „ 60 018 750 |
| IV, 3: Allgemeine Bewilligungen (mit verschiedenartiger Berücksichtigung des Kursausgleichs) . . . . . . . . . . . . | | „ 131 141 735 |
| Ergibt insgesamt fortdauernde, vom Devisenstand abhängige Ausgaben des Auswärtigen Amts . . . . . . . . . . . . . . . | | Mk. 681 440 235 |

Natürlich sind nicht alle diese Ausgaben in Ländern mit Goldvaluta zu leisten, sondern die Mehrkosten je nach dem Stand der verschiedenen Auslandsvaluten verschieden hoch gewesen.

Andere vom Devisenpreis beeinflußte Ausgabeposten sind im Reichshaushalt 1922 beispielsweise:

Die Papiermark ist ein Wertmesser von stark schwankendem Werte geworden. Vor allem aber macht sich auf die Dauer bei allen Schwankungen eine Tendenz der Entwertung geltend. Private Unternehmungen, deren Kapital mit Goldmark beschafft ist, erreichen nominell große Gewinne, indem sie die Preise in Papiermark für ihre Leistungen und Erzeugnisse fortgesetzt steigern und scheinbar Überschüsse in Papiermark erzielen; deren Höhe reduziert sich jedoch sofort beträchtlich, wenn man sie in Goldmark umrechnet und mit dem in Goldmark angelegten Kapital vergleicht. An sich wären die Reichseisenbahnen und die Reichspost in ähnlicher Lage wie solche Privatunternehmungen. Die Reichsbahnen brauchen das in Goldmark investierte beträchtliche Kapital nur mit Papiermark zu verzinsen. Es soll hier nicht darauf eingegangen werden, wieweit die Rente der Reichsbahnen sehr ungünstig durch die Bedingungen beeinflußt wird, unter denen das Reich sein Bahnnetz von den Ländern mit eigener Eisenbahnverwaltung erworben hat. Jedenfalls steht fest, daß die Eisenbahnen der preußisch-hessischen Gemeinschaft und auch einiger anderer Landesnetze vor dem Kriege Überschußverwaltungen mit recht niedrigen Tarifen darstellten, die — nach Bestreitung der Kosten des Dienstes der Eisenbahnschuld — beträchtliche Summen für den allgemeinen Staatshaushalt abliefern konnten, während neuerdings Fehlbeträge der öffentlichen Verkehrsanstalten und zu ihrer Bekämpfung fortwährende Tariferhöhungen das Regelmäßige in Deutschland sind. Bestände nicht Noteninflation und die dadurch hervorgerufene allgemeine

---

| | | |
|---|---|---|
| Übertrag: | Mk. | 681 440 235 |
| R.-A. d. Innern: O. H. Fortd. Ausg. V, 3, 26b: Unterhaltung von deutschen Kriegergräbern im Auslande . . . . | „ | 1 145 000 |
| O. H. Fortd. Ausg. Wiederaufbau-Ministerium: | | |
| XVI, 4, 16: Kosten der Geschäftsstelle für deutsche Güter, Rechte und Interessen in Frankreich, England und Rußland . . . . | „ | 1 000 000 |
| XVI, 4, 17: Auslagen der deutschen Auslandsvertretungen für Rechtshilfe u. dgl. bei der Schadensvorprüfung im Ausland | „ | 1 000 000 |
| XVI, 8, 3: Hilfsleistungen bei der Aufbauvertretung in Paris . | „ | 10 092 000 |
| XVI, 8, 13: Für die Vertretung in Paris zur Ausführung von Aufbauarbeiten in den zerstörten Gebieten . . . . . . . . . | „ | 3 018 200 |
| XVI, 10, 5: Für die Vertretung bei den gegnerischen Ausgleichsämtern und bei den Staatsvertretern bei den gemischten Schiedsgerichtshöfen . . . . . . . . . . . . . . . . . . | „ | 11 859 460 |
| Gesamtsumme ohne Einrechnung der Leistungen in unmittelbarer Ausführung des Friedensvertrags . . . . . . . . . . . . | Mk. | 709 554 895 |

Teuerung, so wäre bei Gleichbleiben des Geldaufwandes für das Personal nach einer Übergangsperiode, in der große Ersatzausgaben für die Kriegsabnutzung des Materials zu leisten sind, vielleicht auch bei den Reichseisenbahnen von selbst eine Periode der Überschüsse wieder zu erwarten gewesen. Die Wirkungen der Inflation steigern jedoch bei der Reichsbahn wie bei der Post die Materialausgaben und Personalausgaben selbstverständlich, wenn die Teuerung voranschreitet. Die seit der Revolution eingetretene Verkürzung der Arbeitszeit bei den Reichsverkehrsunternehmungen scheint nicht von solchen Reformen in der Organisation des Dienstes und der Arbeitsweise des Personals begleitet zu sein, daß durchweg etwa in kürzerer Zeit von denselben Personen mehr geleistet wurde. So war der Ausweg eine anfangs mit Zögern unternommene, dann immer lebhafter entwickelte Nachahmung der Praxis der Privatunternehmungen, die sich für die Mehrkosten bei der Inflation durch Preiserhöhungen beim Erlös für ihre Leistungen zu entschädigen suchen. Neuerdings folgen sich fortwährende Erhöhungen der Eisenbahntarife und Erhöhungen der Preise für Leistungen der Post, Telegraphie und Telephonie. Da ferner angesichts der Notlage des Reichshaushaltes die Besteuerung fortwährend verschärft werden muß und insbesondere durch Kohlensteuer und allgemeine Umsatzsteuer die deutschen Produktionskosten rücksichtslos erhöht werden, so vereinigt sich mit den preissteigernden Wirkungen der Inflation ein weiteres Ringen um Preiserhöhung, um die Wirkungen verteuerter Verkehrsmittel und erhöhter Besteuerung der Produktion und des Handels auf die Abnehmer deutscher Waren überzuwälzen. Die Inflation hat zur Verteuerung der Verkehrsleistungen und zu bedenklichen Steuern gezwungen; die durch Inflation, verteuerte Verkehrsmittel und schwere Steuerlasten fortwährend gesteigerte Teuerung des Lebensunterhaltes veranlaßt wieder Beamte und Arbeiter des Staates zu Mehrforderungen und verursacht Mehrkosten der Materialbeschaffung für die Staatsverwaltung. Im Jahre 1922 machte sich außerdem infolge der Reparationslieferungen solche Kohlenknappheit in Deutschland fühlbar, daß die Reichsbahnen bei ungünstigstem Devisenstand Massen ausländischer Kohle für ihren Bedarf beziehen mußten. In diesen Verlegenheiten hilft man sich durch Nachtragsetats und deckt einstweilen die nötigen Milliarden an Mehrkosten durch Begebung von diskontierbaren Schatzscheinen bei der Reichsbank. Damit steigert sich wiederum der Notenumlauf und verschärfen sich wieder die preissteigernden Wirkungen der Inflation, so daß in einem fehlerhaften Zirkel Währungspolitik, Finanzpolitik und Verkehrspolitik fortwährend auf Verschlechterung der Finanzlage und Verschlechterung des Markwertes, sowie Steigerung der allgemeinen Teuerung weiterwirken.

Derjenige Posten im Reichshaushalt, der am unmittelbarsten bei jeder weiteren Markentwertung bzw. Devisenpreissteigerung empfindlich reagiert, sind die Aufwendungen für Ausgleichszahlungen und Reparationen. Würde es der deutschen Finanz- und Währungspolitik gelungen sein, im Winter 1918 die Papiermark zum vollen Nennwert in Gold einzulösen und eine Stabilisierung der Währung vor Abschluß des Versailler Friedens herbeizuführen, so wären bereits die Lasten, welche uns in Milliarden Goldmark auferlegt worden sind, das Härteste, was bisher einem Volke an Tributen auferlegt worden ist. Die geschilderten Voraussetzungen treffen jedoch nicht zu, und schon wenn 500 bis 1000, geschweige denn 10000 Papiermark aufgebracht werden müssen, um eine Goldmark zu erwerben, so genügt auch eine phantastische Steigerung der in Papiermark vom deutschen Steuerzahler aufzubringenden Lasten nicht, um die Summen zu schaffen, welche für Erfüllung der Lasten in Goldmark nötig werden, so lange die Papiermark nur Bruchteile eines Pfennigs in Goldmark wert ist. Durch Hilflosigkeit in seiner Währungspolitik, deren Schwierigkeiten durchaus nicht verkannt werden sollen, ist Deutschland in die Lage eines Schuldners gelangt, der stets ein Vielfaches der ihm auferlegten Schuldzahlungen aufbringen muß. Tritt dies rechnerisch bei Erfüllung der Goldmarkverpflichtungen durch Devisenankauf klar in Erscheinung, so steht sich bei Sachleistungen der Reichshaushalt kaum besser. Je mehr die Teuerung in Deutschland voranschreitet, um so mehr Papiermark sind aufzubringen, um in Deutschland die Kohlen usw. zu zahlen, für deren Lieferung uns Gutschrift in Goldmark zu erteilen ist[1]).

---

[1]) Die Gesamtleistungen, welche im Rechnungsjahr 1922 für Ausführung des Friedensvertrags zu erfüllen gewesen wären, machten nach der Regierungsschätzung aus:

| Ausgaben für die Ausführung des Friedensvertrags | Entwurf, dem Reichstag vorgelegt am 23. I. 1922 | Etatgesetz vom 9. VI. 1922 (Rgbl. II., 587) | 7. Nachtragsgesetz vom 19. XII. 1922 (Rgbl. II, 587, 795) |
|---|---|---|---|
| ordentl. Haushalt . . | 147 687 168 000 | 163 159 290 000 | 463 632 980 000 |
| außerordentl. Haushalt | 39 844 528 076 | 63 310 449 410 | 151 770 781 410 |
| insgesamt | 187 531 696 076 | 226 469 739 410 | 615 403 761 410 |

Beim Entwurf war angenommen worden, daß 16,5 Milliarden Mark aus Überschüssen des ordentlichen Haushalts beigesteuert würden. Diese 16,5 Milliarden

## III. Verhängnisvolle Wirkungen der Papierwirtschaft auf den öffentlichen Kredit in Deutschland.

Bisher wurden einzelne Posten betrachtet, in denen sich durch Unsicherheit in der Kalkulation und Steigerung der Ausgaben die Papierwirtschaft für die Finanzen von bedenklicher Wirkung erwies. Nunmehr gilt es, das Zentralproblem zu betrachten. Banknoteninflation bedeutet nicht nur eine Besteuerung des Volkes von ganz ungleichmäßiger Wirkung für die einzelnen Klassen — wie besonders Keynes[1]) nachgewiesen hat —, sondern vor allem Untergrabung des ergiebigsten modernen Hilfsmittels geschickter und erfolgreicher Finanzpolitik: des öffentlichen Kredits. Der öffentliche Kredit ist nur ergiebig, wenn er bei den Sparern aus vorhandenem Kapital schöpft und wenn die Darlehen von den Sparern freiwillig gewährt werden. Als eine Binsenwahrheit ist stets angesehen worden, daß eine Finanzpolitik, welche vom Sparen abschreckt, die Ergiebigkeit der Besteuerung und des Kredits verringert. Es wäre eine Übertreibung, zu behaupten, daß die Wirkungen deutscher Finanzpolitik bereits heute völlig vom Sparen abschrecken müßten. Aber sie drängen dazu, Ersparnisse in landwirtschaftlichen und gewerblichen Unternehmungen, sowie in Vorräten an Handelsgütern und Genuß- und Gebrauchsvermögen anzulegen, und sie schrecken von sicheren festverzinslichen Vermögenslagen ab. Kein Schicksal ist beklagenswerter, als das der Gläubiger inländischer deutscher Staatsanleihen, Gemeindeanleihen und Hypotheken, kurz der Werte, die man noch immer als mündelsicher bezeichnet und in denen Anlegung aller jener Vermögen erzwungen wird, auf deren Verwaltung der Staat Einfluß hat. Wer nicht in der bedauernswerten Lage der Mündel usw. sich befindet, vermeidet nach bitteren Erfahrungen die Vermögenslage in festverzinslichen deutschen öffentlichen Papieren, die eine Rente von fortwährend sinkender Kaufkraft erbringen. Viele wählen in der Tat aus begreiflichen Gründen Anlage ihrer Ersparnisse in Grundbesitz, Hausbesitz, Bergwerken und in-

---

sind im siebenten Nachtragsetat verschwunden. Die ganze Tragik der Schatzscheinvermehrung und zunehmenden Inflation tritt hier entgegen. In Kap. 6 Tit. 7 der Anlage XX zum siebenten Nachtrag des ordentlichen Haushalts 1922 wurden für Überteuerung 8,8 Milliarden, zum Ausgleich von Kursschwankungen 98,2, also insgesamt 107 Milliarden Mark nachgefordert.

[1]) Vgl. „Manchester Guardian Commercial" Reconstruction in Europe. Sect. V.

dustriellen Unternehmungen, vor allem in Aktien. Andere werden, wie in der Assignatenzeit des Directoire die Franzosen, vom Sparen überhaupt abgeschreckt und verzehren ihr Kapital. Vielfach ist der Verbrauch von Kapital ohnedies durch die Teuerung aufgezwungen worden.

Die Beschaffung öffentlichen Kredits setzt aber nicht nur Kapitalakkumulation bei den Kreditgebern voraus, sondern sie beruht noch weit mehr darauf, daß Vertrauen und Bereitwilligkeit herrscht, dem Staat und der Gemeinde auf längere Fristen Ersparnisse anzuvertrauen. Ergiebig ist nur freiwillig gewährter Kredit. Das größte Verhängnis der Papierwirtschaft ist, daß hierdurch die Ergiebigkeit freiwillig gewährten Kredits für den öffentlichen Haushalt verschlechtert, ja fast vernichtet wird. Die außerordentlichen Deckungsmittel für den öffentlichen Haushalt, welche seit der Revolution begegnen, sind: Besteuerung der Vermögenssubstanz — die Warnungen, welche bei dem Versuche des Reichsnotopfers ausgesprochen wurden, haben sich leider als begründet erwiesen —, Zwangsanleihe und vor allem fortgesetzte Vermehrung der diskontierten Schatzscheine, gefolgt von gesteigerter Noteninflation; schließlich Inanspruchnahme von Beleihungen schwer begebbarer Schuldverschreibungen der Länder und Gemeinden bei den Reichsdarlehenskassen, eine Politik, die wiederum im Sinne der Inflation wirkt. Versuche, freiwillig gewährten Kredit auszunutzen, haben seit der Revolution nicht völlig gefehlt, jedoch sich bisher wenig ergiebig erwiesen. So brachte z. B. die Sparprämienanleihe im November 1919 nur 3 627 496 600 Mk.[1]). Wenn man hinwies auf französische und englische Erfolge in Begebung kurzfristiger verzinslicher Schuldverschreibungen beim Sparpublikum, so fanden solche Hinweise zur geeigneten Zeit, d. h. bis einschließlich Frühjahr 1922, bei den maßgebenden deutschen Stellen keine Sympathie. Eine langjährige Tradition in kunstreicher Pflege des heimischen öffentlichen Kredits war in Berlin nicht, wie an anderen Märkten, vorhanden. Im Sommer 1922, bereits erheblich später als im geeigneten Zeitpunkt, wurde von der deutschen Regierung, allerdings ohne Erfolg, die Unterbringung

[1]) Nach der Anleihedenkschrift vom 23. Februar 1921 (Reichst. Druckſ. 1522 I. Wahlp. 1921 S. 2) waren bis Ende September 1920 von der Sparprämienanleihe 1 813 748 300 Mk. in Kriegsanleihe und 1 781 100 830,60 Mk. (nach Abzug der Bonifikation der Reichsbank) in bar gezahlt und abgerechnet. Weitere Abrechnung stand noch aus. Gesamtbetrag Ende März 1921: 3 628 952 000 Mk.

verzinslicher langfristiger Schatzanweisungen beim Sparpublikum zur Abdeckung unverzinslicher schwebender Schulden erwogen; jedoch war die Marktlage damals ungünstig. Im Winter 1922/23, d. h. wiederum sehr viel später als im günstigsten Zeitpunkt, wurde der Gedanke einer nicht mit Inflation verbundenen Kreditbeschaffung durch das Projekt der verzinslichen Goldschatzanweisungen des Reiches wieder angeregt.

Vor allem ernsthaft stimmt die wieder jetzt in Deutschland bestätigte alte Erfahrung, daß durch Inflation, Zwangsanleihepolitik, rücksichtslose Steuerpolitik und alle möglichen Gewaltsamkeiten der Staatseingriffe, die in einem in die Weltwirtschaft verflochtenen, hochkapitalistischen, komplizierten volkswirtschaftlichen Organismus weit verhängnisvoller wie in einem primitiven wirken, die Fühlung zwischen Sparpublikum und dem Kreditbedarf des Reiches, der Länder und Gemeinden außerordentlich ungünstig beeinflußt worden ist. Hierzu tritt die häufig übersehene Tatsache, daß in Wirklichkeit die Kreditbeschaffung durch Inflation die kostspieligste Deckung des öffentlichen Bedarfes bedeutet. Scheinbar hat das Reich bei Begebung unverzinslicher Schatzscheine nur den jeweiligen Satz des Privatdiskonts zu zahlen; scheinbar bekommen die Länder und Gemeinden bei den Reichsdarlehenskassen nicht allzu teuer Lombardkredit. Immerhin sind schon die Diskontsätze und Lombardsätze teurer als die Zinsen, die das Reich für solche langfristige Schulden zu entrichten hatte, deren Verminderung seit 1919 begegnet.. Scheinbar werden jedoch die Finanzopfer dadurch verringert, daß der Überschuß der Reichsdarlehenskassen dem Reichshaushalt voll zugute kommt, der Überschuß der Reichsbank aus Zinsgewinn durch Diskontierung von Reichsschatzscheinen jährlich zum großen Teil zugunsten des Reiches durch besondere Gesetze jeweils in Anspruch genommen wird. Und doch trügt alle solche Argumentation. Auch wenn man 10% für Kapitalien, die ohne Inflation beschafft werden, aufzuwenden hätte, kämen die Reichsfinanzen mit solcher Kreditaufnahme weit billiger weg als mit Inflationskredit. Sind doch mit letzterem die fortwährenden Steigerungen der Ausgaben für Personal und Material und für Auslandszahlungen — wie oben gezeigt wurde — verbunden. Das Zentralproblem der Zukunft wird sein, ob es gelingt, durch freiwillig von inländischen oder ausländischen Sparern für längere Fristen gewährten Kredit die deutsche Reichsschuld, soweit sie in diskontierbaren Schatzscheinen innerhalb und außerhalb der Reichsbank besteht, zu tilgen. Diese Konsolidierungsoperation würde die notwendige Voraussetzung einer wirklichen Stabilisierung der deutschen Valuta sein.

Für eine wissenschaftliche Betrachtung der Finanzlage ist das Ergebnis der bisherigen Darstellung, daß Schwierigkeiten infolge der Nachwirkungen des Krieges und der Revolution, sowie einer nicht immer glücklichen Finanzpolitik des Reiches bereits vorhanden gewesen wären, wenn nicht der Versailler Frieden hiezu noch furchtbare Lasten hinzugefügt hätte. Ebenso muß aber bei unparteilicher Würdigung betont werden, daß jede Wiedererholung Deutschlands, die seit 1919 zu erhoffen gewesen wäre, durch die Wirkungen des Versailler Friedens hintangehalten worden ist. Mit diesen Wirkungen wollen wir uns nunmehr beschäftigen.

## IV. Wirkungen des Versailler Friedens.

Jeder Staat, der zur Leistung einer Kriegsentschädigung an einen oder mehrere andere Staaten gezwungen wird, bemerkt zwei Wirkungen, die scharf auseinandergehalten werden müssen: Durch die Aufwendungen für Entschädigungsleistungen werden die Lasten des Staatshaushaltes im Innern vermehrt. Dies ist zunächst ein rein finanzpolitisches Problem. Außerdem aber bedeutet die Übertragung von Milliarden aus einer Volkswirtschaft in die andere, wenn sie — wie bei Tributzahlungen, Kriegsentschädigungen usw. — ohne Gegenleistungen erfolgt, eine Verschiebung des intervalutarischen Gleichgewichts. Dies ist eine Valutafrage, ein Problem der Devisenpolitik, mit einer Menge von Rückwirkungen auf die eigene Volkswirtschaft und auf ausländische Volkswirtschaften, sowie auch auf die Finanzen verbunden. Gerade beim heutigen Zustand Deutschlands bietet es besondere Schwierigkeiten, diese Probleme kritisch auseinanderzuhalten.

1. Die Fähigkeit Deutschlands, die Verpflichtungen aus dem Versailler Frieden zu erfüllen, darf nicht ohne weiteres nach Deutschlands Leistungsfähigkeit 1913/14 beurteilt werden. Die Steuerfähigkeit Deutschlands ist 1923 anders als 1913. Die Umstände, welche die Zahlungsbilanz und damit Deutschlands intervalutarische Position bestimmen, sind völlig anders vor und nach dem Krieg. Durch den Verlust an Kolonien hat zwar Deutschland an Einnahmen im Reichshaushalt nicht unmittelbar eingebüßt. Die Kolonien wurden nicht als finanzielles Ausbeutungsobjekt von Deutschland bewirtschaftet. Wäre bei der Wegnahme der deutschen Schutzgebiete von den Mandataren des

Völkerbundes die entsprechende deutsche Staatsschuld übernommen, das bisherige Staatseigentum Deutschlands angerechnet worden, und wäre endlich das deutsche Privateigentum in den Schutzgebieten unangetastet geblieben, so wäre eine unmittelbare Wirkung für die Reichsfinanzen und Deutschlands Leistungsfähigkeit mit dem Verlust der Schutzgebiete nicht verbunden. Es liegt aber anders.

Ohne weiteres verlor Deutschland Finanzeinnahmen zunächst durch Abtretung von Elsaß-Lothringen an Frankreich (Friedensvertrag, Art. 51ff.), Nordschleswigs an Dänemark (Art. 109ff.), des Hultschiner Ländchens an die Tschechoslowakei (Art. 83), der Gebiete Eupen, Malmedy, Neutral-Moresnet und Pr.-Moresnet an Belgien (Art. 27 und 32—34), Westpreußens, Posens und, nach der Abstimmung, eines Teils von Oberschlesien an Polen.

Auch die Steuereinnahme, die das nunmehr selbständig gewordene Danzig, sowie das Memelgebiet lieferte, geht seit dem Versailler Frieden dem Deutschen Reich verloren. Außerdem verlor Deutschland nicht nur die Kohlengruben des Saargebietes, die bei eventuellem Rückfall des Saargebietes an Frankreich von Deutschland dem französischen Staat teuer wieder abgekauft werden müssen, sondern auch bis auf weiteres die sehr bedeutenden Steuereinnahmen aus dem Saargebiet (Art. 50, 45, Anl. Kap. II, § 26, 22, 31, 36).

Man schätzt, daß in Europa Deutschland gegenüber der Zeit vor dem Kriege mehr als 10% an Gebiet und Bevölkerung verloren hat[1]). Tatsächlich sind aber die Einbußen an finanzieller Leistungsfähigkeit durch die europäischen Gebietsverluste viel größer, als der Quote von 10% entspricht. Zunächst hatte Deutschland nicht mehr den Reichtum von 1913, als der Krieg endete. Ferner war die Reichsschuld bis Ende 1918 um mehr als 151 Milliarden Mk. gewachsen gegenüber der Friedenszeit[2]). Im Friedensvertrag ist keineswegs

---

[1]) Nach Statist. Jahrb. f. d. Deutsche Reich 1921/22, S. 15, hat Deutschland einschließlich der an Polen gefallenen Teile Oberschlesiens bis Ende 1921 an Fläche 13,04%, an männlicher Bevölkerung gegenüber 1910 10,03%, an weiblicher Bevölkerung 9,91% verloren.

[2]) Nach Statist. Jahrb. f. d. Deutsche Reich 1921/22, S. 367, betrug die Gesamtschuld des Reiches am 31. März 1914 5 157 897 600 Mk.,
am 31. März 1919 156 452 411 300 Mk.,
am 31. März 1922 337 962 817 800 Mk.

Gegenwärtig ist durch Vermehrung der schwebenden Schuld die gesamte Reichsschuld weit höher. Als Aktivum steht ihr der Wert der vom Reich erworbenen vorgesehen, daß die gesamte öffentliche Schuld, welche auf den dem Reich entrissenen Gebieten lastet, von den neuen Erwerbern dieser Gebiete stets übernommen wird. Zwar ist das Prinzip der anteiligen Übernahme der öffentlichen Schuld durch die Erwerber bisher deutschen Gebiets — ein unbestreitbar richtiges Prinzip — im Art. 254 des Versailler Friedens für Reichsschulden und Landesschulden anerkannt; aber die Deutschland entlastenden Konsequenzen sind nicht gezogen. Für die Übernahme kommt nur die Reichsschuld nach ihrem Stande vom August 1914, also bei Kriegsausbruch, in Betracht. An den durch die Vermehrung der Reichsschuld seit 1914 geschaffenen Mehrlasten beteiligen sich die Erwerberländer nicht; die Verzinsung und Tilgung der Kriegsschuld hat die verminderte deutsche Bevölkerung allein aufzubringen. Außerdem ist im Art. 255 vorgesehen, daß Frankreich keinen Anteil der auf Elsaß-Lothringen entfallenden Reichsschuld beim Erwerb dieser Gebiete übernimmt, und daß Polen die preußischen Schulden aus der Ansiedlungspolitik nicht übernimmt. Ebenso versagt Art. 257 die Übernahme der deutschen Schutzgebietsschulden durch die Mandatarmächte. Das durch den Frieden beträchtlich reduzierte Deutschland hat also auch Schulden, die auf verlorene Gebiete entfallen, zu verzinsen und zu tilgen.

Soweit überhaupt eine Schuldentlastung Deutschlands bei Gebietsverlusten anerkannt wird, hat im Streitfall nicht etwa ein unabhängiger neutraler Gerichtshof, sondern die Reparationskommission die Anteile festzusetzen. Kämen Leistungen an Deutschland statt einfacher Übernahme von öffentlichen Schulden in Betracht, so sind diese nach Art. 254, Schlußabsatz, nicht an Deutschland herauszuzahlen, sondern auf Wiedergutmachungsschuld zu verrechnen.

Nicht die gleiche Zurückhaltung, wie hinsichtlich der Passiva, wird hinsichtlich des Überganges der Aktiva nunmehr annektierter Gebiete des bisherigen Deutschlands geübt. Prinzip ist nach Art. 256, daß Mächte, die deutsches Gebiet erwerben, von selbst alles dort belegene Eigentum des Reiches, der Länder und der Krone erlangen. Im allgemeinen ist jedoch der so erworbene Wert auf die deutsche Wiedergutmachungsschuld zu verrechnen. Nicht jedoch im Fall Elsaß-Loth-

---

Bahnen, auch anderer Reichsbesitz gegenüber. Für Erwerb der Reichsbahnen wurde durch Reichsgesetz vom 4. Juni 1920 (RGBl. S. 1139) ein Kredit bis zu 18100 Millionen Mark bewilligt.

ringens, wo beispielsweise die Reichsbahnen, die vom Deutschen Reich aus der französischen Kriegsentschädigung kaufweise erworben und seitdem durch große Aufwendungen des Reiches wertvoller gemacht wurden, ebenso wie alles sonstige dort belegene öffentliche und kaiserliche Eigentum an Frankreich fallen, ohne daß die entsprechende Schuld von Frankreich übernommen wird, und ohne daß Frankreich verpflichtet ist, den Wert auf die Wiedergutmachung zu verrechnen. Diese Bestimmung bedeutet nicht nur eine Benachteiligung Deutschlands, sondern auch eine beträchtliche Bereicherung Frankreichs auf Kosten der übrigen Alliierten. Damit nun aber auch andere Alliierte sich nicht beklagen konnten, wurde auf dieser Bahn weitergeschritten, indem, entgegen dem anerkannten Prinzip des Art. 256, alles Staats- und Kroneigentum in den Kolonien den Mandatarmächten, die die deutschen Schutzgebiete erwerben, nach Art. 257, zufällt, ohne daß Deutschland deswegen eine Zahlung oder Gutschrift erteilt würde. Dementsprechend hat auch Belgien durchgesetzt, daß — gemäß Art. 256, Schlußabsatz — für das mit Gebietserwerb von Belgien innerhalb Europas erworbene deutsche Staatseigentum Deutschland keine Gutschrift gewährt wird.

Zu der eben betrachteten finanziellen Wirkung der Verluste Deutschlands an Gebiet und Menschen gesellt sich infolge des Versailler Friedens noch eine weitere Wirkung auf die Zahlungsbilanz. Die Schwierigkeit, Devisen für die im Friedensvertrag auferlegten Leistungen aufzubringen, vergrößert sich dadurch, daß Deutschland im Osten agrarische Überschußgebiete verloren hat, nach deren Abtretung sich der Bedarf für Einfuhrdevisen verstärken mußte. In ähnlicher Weise bedeutet der Verlust Lothringens eine Belastung der Zahlungsbilanz durch Devisenbedarf für Bezüge an Eisenerz.

2. In all den bisherigen Fällen konnte eine Minderung der deutschen Finanzkraft, und zwar ohne entsprechende Entlastung von Verpflichtungen, als Kriegsfolge festgestellt werden. Die Bedingungen sind hart, enthalten aber noch nicht Beeinträchtigungen des Privateigentums deutscher Staatsbürger. Die Besonderheit des Versailler Friedens, wie der vorausgehenden Kriegspolitik, ist jedoch, daß, wo immer Zugriffe auf deutsches Privateigentum möglich waren, raffinierte Maßnahmen hierfür angewendet wurden. Durch die im folgenden zu betrachtenden Zugriffe auf deutsches Privateigentum im Ausland hat sich Deutschlands Zahlungsbilanz wesentlich verschlechtert und das deutsche steuerfähige Vermögen selbstverständlich sehr stark ver-

mindert; hieraus ergeben sich für das Reich gegenüber seinen Bürgern Entschädigungsverpflichtungen, deren Aufbringung die Finanzlage des Reiches bereits ernstlich verschlechtern würde, auch wenn gar keine Reparationslasten beständen. In den Haager Abmachungen von 1899 und 1907 war allerdings die Unverletzlichkeit des Privateigentums zu Lande, soweit es sich um Verhalten der Truppen im besetzten feindlichen Gebiet handelte, anerkannt worden. Diese Bestimmung, die die Teilnehmer des Weltkrieges verpflichtete, wurde jedoch verschieden ausgelegt. In den angelsächsischen Ländern herrschte die Meinung, daß damit nicht etwa ein Hindernis gegeben sei, im eigenen Lande Zugriffe auf das Privateigentum feindlicher Staatsangehöriger vorzunehmen. Außerdem war ja durch den Widerstand Englands überhaupt verhindert worden, daß dem Privateigentum zur See auch nur derselbe Schutz wie dem Privateigentum im Landkriege gewährt wurde.

Während des Weltkrieges verbreitete sich, — von England ausgehend —, die Praxis, nicht nur den Handel mit dem Feind und die Zahlung an den Feind zu verbieten, sondern auch unbewegliches und bewegliches Eigentum der Privatpersonen aus feindlichen Ländern zu sequestrieren und zu „liquidieren". Nachdem der Frieden gekommen war, hätte man prinzipiell eine zufriedenstellende Lösung finden können, indem man entweder all diese Kriegsmaßnahmen rückgängig machte oder indem sich alle Parteien mit dem Geschehenen als etwas Unabänderlichem abgefunden hätten. Man ist anders vorgegangen. Während Deutschland nach Art. 297a des Versailler Friedens die Angehörigen der ihm feindlich gewesenen Staaten — wenn die Liquidation noch nicht vollendet war — wieder in den früheren Stand einsetzen mußte, behielten sich im Art. 297b die alliierten und assoziierten Mächte, soweit nicht im Vertrag anderweitig anderes bestimmt ist, „das Recht vor, alle den deutschen Reichsangehörigen oder den von ihnen abhängigen Gesellschaften bei Inkrafttreten des ... Vertrages gehörenden Güter, Rechte und Interessen innerhalb ihrer Gebiete, ... einschließlich der Gebiete, die ihnen durch den gegenwärtigen Vertrag abgetreten werden, zurückzubehalten und zu liquidieren". Dies bedeutet, daß auch nach Friedensschluß noch weiter Privateigentum Deutscher weggenommen werden konnte und dem Reiche Entschädigungspflichten gegenüber seinen Bürgern verursacht werden konnten, sofern ein Siegerstaat nicht aus Anstand oder Klugheit auf Rechte hierauf verzichtet. Deutschland hat ferner nach Art. 297e, f den Bürgern der Siegerstaaten, soweit möglich, die von Sequestrations- oder Liquidationsmaßnahmen erfaßten Güter zurückzuerstatten, andernfalls Entschädigung zu gewähren [1]).

Nach § 1 der Anlage zu Artikel 208 bleiben die außerordentlichen Kriegsmaßnahmen der alliierten und assoziierten Mächte gegen Deutschland gültig, während Deutschlands Maßnahmen in den besetzten Gebieten oder überhaupt nach dem Waffenstillstand als ungültig behandelt werden. Nach § 4 der Anl. zu Art. 298 können die Güter, Rechte und Interessen der deutschen Reichsangehörigen auf dem Gebiete einer alliierten oder assoziierten Macht, sowie der Reinerlös aus ihrem Verkauf usw. durch diese Macht mit Bezahlung gewisser Ansprüche belastet werden, wobei nicht nur Handlungen Deutschlands, sondern auch seiner Verbündeten Deutschland zur Last fallen. Ausnahmsweise ist übrigens hier ein unparteiischer Schiedsrichter vorgesehen.

Zu den Eingriffen in den ausländischen Privatbesitz der Deutschen gesellen sich Schädigungen deutscher Rechte auf Fabrik- und Handelsmarken, sowie auf ausschließliche Herstellungsverfahren (§ 5 der Anlage zu Art. 298, vgl. auch Art. 306 ff.) und endlich für die Zukunft die dehnbaren Bestimmungen des § 18 der Anlage II zu Teil VIII, welche alle möglichen Eingriffe der Siegerstaaten in deutsche wirtschaftliche Rechte zulassen, „falls Deutschland vorsätzlich seinen Verpflichtungen nicht nachkommt". Da es an einer unabhängigen und unparteiischen Instanz für die Feststellung fehlt, ob Deutschland aus Unvermögen oder aus Vorsatz die Erfüllung einer Verpflichtung unterläßt, so ist an sich eine Möglichkeit, den Krieg als Wirtschaftskrieg nach Friedensschluß fortzusetzen, hiermit gegeben. Einige Länder haben erklärt, daß sie nicht von diesem § 18 Gebrauch zu machen beabsichtigen; andere haben es vermieden, sich derart festzulegen. Die Ergebnisse der im Friedensvertrag sanktionierten oder neugeschaffenen Eingriffe in deutsches Privateigentum werden verwebt in das Ausgleichsverfahren,

---

[1]) Nach § 10 der Anlage zu Artikel 298 mußte Deutschland binnen 6 Monaten nach Friedensschluß Wertpapiere und sonstige Rechtstitel gegenüber den Siegerstaaten aus deutschem Besitz an die Siegerstaaten abführen. Nach der deutschen Denkschrift „Die Durchführung des Versailler Vertrags vom 10. Januar 1920 bis zum 10. Januar 1922", S. 60, hat der Treuhänder für das feindliche Vermögen bis zum 30. November 1921 rund 2 Milliarden Mk. von den seinerzeit seiner Verwaltung unterstellt gewesenen Werten freigegeben oder ausgezahlt. Vgl. außerdem die vorausgehende Denkschrift über die Erfüllung bis zum 1. April 1921, S. 51 unter I, 4.

welches zwischen den Kriegführenden nach Friedensschluß arbeitet. Übrigens gilt hier auch die Besonderheit, daß zwar im Prinzip binnen einer Woche jeweils nach der Monatsabrechnung die Saldi aus den privaten Forderungen und Schulden vom Schuldnerstaat bar beglichen, Deutschland zukommende Zahlungen aber zugunsten der Entschädigungsrechnung einbehalten werden [§ 11 d. Anl. zu Art. 296 [1])].

Das Ergebnis der bisher betrachteten Eingriffe in das Privateigentum, die Keynes in seinem mutigen ersten Buch [2]) als ohne Vorbild in der Geschichte mit Recht bezeichnet, ist nicht nur eine Vernichtung der wirtschaftlichen Stellung der Auslandsdeutschen und der erworbenen Rechte der deutschen Kapitalisten im Ausland, infolgedessen eine Verschlechterung der deutschen Zahlungsbilanz schon vor Inangriffnahme aller Reparationsleistungen, sondern finanziell eine enorme Belastung des Reichshaushaltes durch Entschädigungsleistungen an die Opfer dieser Eingriffe. Im Reichshaushalt für 1921 waren für Durchführung der Vorschriften der Artikel 297 und 298 des Friedensvertrages gegenüber bisher feindlichen Staatsangehörigen, sowie zur Zahlung der Ausgaben bei Rückgängigmachung von Liquidationen feindlichen Eigentums in Deutschland, sowie zur Erstattung der Kosten im Zwangsverwaltungs-, Liquidations- und Staatsaufsichtsverfahren 1250 Millionen vorgesehen. An Kosten des Ausgleichsverfahrens (Art. 296 des F.-V.) erscheinen im Voranschlag für 1921 samt Nachtrag 12, im ursprünglichen Voranschlag für 1922 18 Milliarden Mk. (monatlich seit dem Abkommen vom 10. Juni 1921 2 Millionen £ und außerdem die Anforderungen für den inneren Ausgleich). Für Zahlungen und Bewilligungen an Verdrängte, Kolonialdeutsche, Auslandsdeutsche waren im Haushaltplan 1921 1048, für 1922 ursprünglich 3148 Millionen Papiermark vorgesehen. Nach der Denkschrift über die Zahlungen im Ausgleichsverfahren [3]) (vom 4. Dezember 1922, Anl. 1) waren bis

---

[1]) Nach der deutschen Regierungsdenkschrift: „Die Durchführung des Versailler Vertrages vom 10. Januar 1920 bis zum 10. Januar 1922", S. 59, hatte Deutschland bis 15. Januar 1922 für Zahlungen an die feindlichen Ausgleichsämter rund 15 Milliarden Mk. insgesamt aufzuwenden. Vgl. auch Reichstagsdrucksache 1920/22, Nr. 5304: Denkschrift vom 4. Dezember 1922 über die Zahlungen im Ausgleichsverfahren.

[2]) J. M. Keynes, Die wirtschaftlichen Folgen des Friedensvertrages. München und Leipzig, S. 55.

[3]) Vgl. Reichsdrucksache 1920/22, Nr. 5304, S. 6.

dahin insgesamt 42 896,5 Millionen Papiermark zur Beschaffung der Zahlungsmittel im Ausgleichsverfahren tatsächlich aufgewendet worden.

Eine weitere schwere Beeinträchtigung der deutschen Leistungsfähigkeit ist durch die Artikel 259, 260, 261 des Friedensvertrages bewirkt. Danach verliert Deutschland alle aus dem Friedensvertrag mit Rußland und Rumänien erlangten greifbaren Aktiva, ferner die von Deutschlands Verbündeten, Österreich-Ungarn und der Türkei, dem Deutschen Reiche übertragenen Pfänder und die den Verbündeten Deutschlands gegenüber erworbene Forderungen. Die privaten Rechte deutscher Reichsangehöriger oder Beteiligungen an allen öffentlichen Unternehmungen oder Konzessionen in den mit Deutschland verbündeten Staaten Österreich, Ungarn, Türkei, Bulgarien, aber auch in Rußland und China und in den von Deutschland verlorenen europäischen Gebieten und auswärtigen Schutzgebieten können vom Wiedergutmachungsausschuß zugunsten der Reparationsschuld beschlagnahmt werden. Hierfür muß wiederum Deutschland seine enteigneten Angehörigen entschädigen. Begreiflicher ist die im Artikel 263 zugunsten Brasiliens — wegen der Kaffeevalorisation — vorgesehene Bestimmung.

Der Ausgleich der deutschen Zahlungsbilanz vor dem Kriege setzte beträchtliche Erträgnisse der Kapitalanlage im Ausland für Deutschland voraus. Durch den Friedensvertrag wurden Deutschlands Aktivposten in der Weltwirtschaft ebenso wirksam wie rücksichtslos weggenommen. Die Zahlungsfähigkeit Deutschlands als Schuldner gegenüber den Siegerstaaten wurde beträchtlich dadurch verschlechtert, daß Deutschland seinen geschädigten Angehörigen gegenüber gewaltige Summen zum Ersatz dafür leisten muß, daß Deutschlands Gegner unbedingte Berücksichtigung des Privateigentums im Weltkrieg nicht anerkannten. Durch die Wegnahme der Auslandsguthaben, wie durch die Maßnahmen bezüglich der Handelsflotte, wurden ferner die Grundlagen der deutschen Zahlungsbilanz völlig zerrüttet, ehe überhaupt Leistungen aus dem Friedensvertrag in Betracht kamen.

3. In den bei Kriegsende Deutschland auferlegten Leistungen sind zwei Gruppen zu unterscheiden: die durch den Waffenstillstand vom 11. November 1918 und dessen Verlängerungsabkommen und Nachtragsprotokolle vorgesehenen „Rücklieferungen" und die eigentlichen Wiedergutmachungen. Artikel 238 des Friedensvertrages sieht vor, daß Deutschland die „Rücklieferungen in bar des weggeführten, beschlagnahmten oder sequestrierten Bargeldes, wie auch die Rücklieferung der

weggeführten, beschlagnahmten oder sequestrierten Tiere, Gegenstände aller Art und Wertpapiere, falls es möglich ist, sie auf dem Gebiete Deutschlands oder seiner Verbündeten festzustellen", zu bewirken hat. Diese Rücklieferungen auf Grund des Artikels 238 sind jedoch, gemäß Schlußabsatz Artikel 243, Deutschland auf seine Wiedergutmachungsschuld nicht gutzuschreiben. Da Deutschland entsprechende Rücklieferungen für die in Ostpreußen erlittenen beträchtlichen Schäden von Rußland, dem Bundesgenossen der Westmächte, nicht empfangen hat, so sind hier nur die Deutschland belastenden Konsequenzen des Prinzips der Schadloshaltung erkennbar.

Ehe wir zur weiteren Betrachtung des Friedensvertrages übergehen, ist hervorzuheben, welch gewaltige finanzielle Belastung und Untergrabung der deutschen Währungsgrundlagen bereits durch die Bedingungen des Waffenstillstandsabkommens vom 11. November 1918 und durch dessen Verlängerungen[1]) bewirkt worden war. Deutschland mußte nach dem Waffenstillstandsabkommen nicht nur Waffenmaterial und seine Kriegsflotte ausliefern, sondern auch sich verpflichten, an die alliierten Mächte 5000 Lokomotiven und 150 000 Eisenbahnwagen in gutem Zustande, sowie mit allen Ersatzteilen und mit dem nötigen Gebrauchsgerät, in kurzen Fristen, außerdem die elsaß-lothringischen Bahnen mit Material auszuliefern.

Ferner hatte Deutschland 5000 Lastkraftwagen zu liefern, sowie sämtliche, den Alliierten abgenommene Lastkähne zurückzugeben.

Vor allem war das russische und rumänische Gold, welches von den Deutschen beschlagnahmt oder ihnen ausgeliefert worden war, den Alliierten auszuhändigen, wie denn überhaupt Deutschland auf die Friedensverträge von Bukarest und Brest-Litowsk zu verzichten hatte. Dazu kam, daß der Kassenbestand der belgischen Nationalbank, sowie sämtliche in besetzten Gebieten beschlagnahmte Dokumente, Geldsummen und Wertpapiere zurückzuerstatten waren.

Da die Blockade fortbestand und die Ernährungsschwierigkeiten und der Rohstoffmangel in Deutschland nicht verschwanden, so wurde Deutschland infolge der beträchtlichen Reduktion seines Eisenbahnfahr-

---

[1]) Vgl. für die Waffenstillstandsbedingungen und für die Entwicklung seit dem 11. November 1918: „Deutscher Geschichtskalender", begründet von Karl Wippermann, herausgegeben von Dr. Friedrich Purlitz, „Der Europäische Krieg. Ergänzungsband. Vom Waffenstillstand zum Frieden von Versailles". Verlag von Felix Meiner, Leipzig, S. 153 ff.

parkes[1]) in Schwierigkeiten versetzt, die innere Versorgung und den Truppentransport nach dem Waffenstillstand zu bewältigen. Die Verringerung des Goldvorrates der Reichsbank, die mit den Anforderungen der Goldablieferung infolge des Waffenstillstandes zusammenhing, warf die Vorbereitungen für Wiederherstellung der deutschen Währung um, welche nach Kriegsende eine Gesundung des Zahlungswesens hätte bewirken können. Dadurch haben die Alliierten es wesentlich Deutschland erschwert, sich währungspolitisch für die Aufbringung der Reparationen zu rüsten.

Bei Verlängerung des Waffenstillstandes war die Entente der Ansicht, daß Verstöße Deutschlands hinsichtlich der Erfüllung vorlägen. Hierunter spielte eine Rolle, daß ein Teil der abgelieferten Eisenbahnwagen nicht den Anforderungen entsprochen habe, und daß Deutschland keineswegs die volle Zahl der geforderten Lokomotiven und Lastkraftwagen geliefert habe. Deutschland wurden Straflieferungen auferlegt und bei der zweiten Waffenstillstandsverlängerung dafür zusätzlich statt der ursprünglich geforderten Mehrlieferungen von Lokomotiven und Eisenbahnwagen je 6500 Säemaschinen, Düngerstreumaschinen, Pflüge, Brabantpflüge, Messereggen, ferner 12500 Eggen, je 2500 Stahlwalzen, Croskillwalzen, Grasmähmaschinen, Heuwender, 3000 Bindemäher, 400 vollständige Dampfpfluggruppen mit doppelter Maschine und dazu eingerichteten Flügeln angefordert.

Wenden wir uns nun der eigentlichen Wiedergutmachung in dem Versailler Friedensvertrag zu, so kommen hier 3 Gesichtspunkte in Betracht:

a) Wer entscheidet darüber, was zu leisten und was gutzuschreiben ist?

Da vorauszusehen war, daß eine Menge von Streitfragen bei der Anwendung der Friedensvertragsbestimmungen sich ergeben würden, so mußte es sehr wesentlich sein, welche Instanz diese Streitigkeiten zu entscheiden hat. Der Friedensvertrag hat nicht ein unparteiisches Schiedsgericht für diese Entscheidungen vorgesehen; vielmehr wurde eine Organisation der Gläubiger mit der Funktion des Richters über den Schuldner betraut, und zwar nicht nur, wo es sich um Entscheidung

---

[1]) Vor dem Kriege, 1913, hatte einschließlich der später verlorenen Gebiete der Bestand der vollspurigen deutschen Eisenbahnen nach Stat. Jahrb. f. d. Deutsche Reich 1915, S. 136, betragen: 29990 Lokomotiven, 65961 Personenwagen, 667048 Güterwagen.

zweifelhafter Fälle der Schadensberechnung, Bewertung gutzubringender Leistungen usw. handelt, sondern auch für den Fall, daß zu entscheiden ist, ob die Reparationsanforderungen Deutschlands Zahlungsfähigkeit übersteigen, ob ferner vorsätzliche Nichterfüllung gegeben ist oder ob eine Unmöglichkeit besteht, auch bei bestem Erfüllungswillen zu leisten. Daß eine Gläubigerorganisation über alle diese Dinge zu entscheiden hat, wäre schon außerordentlich drückend, wenn alle Gläubiger lediglich von dem Streben beseelt wären, möglichst viel an Leistungen aus Deutschland herauszuschlagen. Wäre nur dies der Fall, so läge jedenfalls eine Vermengung von Interessentenstellung und richterlicher Stellung vor; aber es wäre doch Hoffnung, daß schließlich das eigene Interesse die Gläubiger zu Maßnahmen führt, den Schuldner leistungsfähig zu erhalten und nicht zu ruinieren. All die große Macht aber steht auch solchen Gläubigern zu, für deren Politik die Erwägung bestimmend sein kann: wichtiger als der Empfang von deutschen Entschädigungsleistungen sei es, wirkliche oder angebliche Verfehlungen Deutschlands zu Gebietsbesetzungen, wirtschaftlicher Vernichtung und weiterer politischer Schwächung des entwaffneten Deutschlands auszunutzen.

Sehen wir uns nach diesen Vorbemerkungen die Zusammensetzung des Organs der Gläubiger an! In Teil VIII, Anlage II des Friedensvertrages ist vorgesehen, daß der in der Regel (§ 8) geheim tagende Wiedergutmachungsausschuß, ohne an Gesetze oder bestimmte Verfahrensvorschriften gebunden zu sein (§ 11), die Schadenberechnung und die Gutschrift der Leistungen bewirkt. In dem Ausschuß sind immer nur 5 Delegierte teilnahmeberechtigt, darunter stets ein Delegierter der Vereinigten Staaten von Amerika (allerdings unter der Voraussetzung des Beitritts der Vereinigten Staaten zum Friedensvertrag), Großbritanniens, Frankreichs, Italiens; Belgiens Vertreter nimmt teil mit Einschränkungen, Japans und Jugoslaviens Vertreter in gewissen Fällen. Die Vertreter anderer Siegerstaaten dürfen — jedoch ohne Stimmrecht — anwesend sein und als Beisitzer mitwirken, wenn ihre Interessen in Frage kommen. Deutschland ist nicht in dem Ausschuß vertreten. Doch hat der Ausschuß auf Antrag der deutschen Regierung alle Gründe und Beweise anzuhören, die von Deutschland hinsichtlich aller seine Zahlungsfähigkeit betreffenden Fragen vorgebracht werden (§ 9). § 10, Satz 1 bestimmt: „Der Ausschuß prüft die Ansprüche und gewährt der deutschen Regierung Gehör nach Billigkeit, ohne daß dieser jedoch irgendein Anteil an den Beschlüssen des Ausschusses zusteht..." Formell ist die Machtvollkommenheit des Ausschusses in Feststellung der Schäden, des Wertes der Sachleistungen, der Überwachung Deutschlands und der Gewährung von Aufschub von Zahlungen gegenüber Deutschland nahezu unbeschränkt; da die Delegierten jedoch von ihren Regierungen abhängig sind, so bedeutet dies nicht unbeschränkte Macht der Delegierten, nach ihrer persönlichen Überzeugung zu stimmen, sondern unbeschränkte Macht der sie instruierenden Regierungen, sofern letztere untereinander einig sind. Für eine Anzahl von Fällen sieht für Beschlüsse des Ausschusses § 13 der in Betracht kommenden Anlage II das Erfordernis der Einstimmigkeit vor, z. B. bei Gewährung von Aufschub von Zahlungen nach 1930 gegenüber Deutschland; im übrigen entscheidet Stimmenmehrheit.

Der Ausschuß, gemeinhin Reparationskommission genannt, ernennt seine Hilfskräfte; die Kosten werden für die Delegierten und deren Hilfskräfte nicht von den sie entsendenden Regierungen, sondern von dem Deutschen Reich getragen (Teil VIII, § 7 der Anl. II; Art. 240, Abs. 4 des Friedensvertrages). Die Kosten wurden für 1921 auf 400, für 1922 auf 1000 Millionen Papiermark im deutschen Reichshaushaltsplan veranschlagt. Im 7. Nachtrag zum Reichshaushaltsplan für 1922 sind die monatlich auf 5 Millionen Franken festgesetzten Kosten der Reparationskommission bereits auf 13 440 Millionen Papiermark angewachsen [1]).

b) Welche Schäden sind wieder gutzumachen?

Deutschland war durch Artikel 231 des Friedensvertrages dazu gezwungen worden, anzuerkennen, daß Deutschland und seine Verbündeten für alle Verluste und Schäden als Urheber verantwortlich seien, „die die alliierten und assoziierten Regierungen und ihre Staatsangehörigen infolge des ihnen durch den Angriff Deutschlands und seiner Verbündeten aufgezwungenen Krieges erlitten haben". Der Sinn und die Konsequenzen dieser demütigenden Erklärung würden sich vielleicht ändern, wenn es gelingt, die Welt zu überzeugen, daß Deutschland und seine Verbündeten nicht die Urheber des Krieges waren. Einstweilen muß Deutschland auch in solchen Fällen zahlen, in denen Länder

[1]) Ehe übrigens im Reichsgesetzblatt II 1922, S. 795, der 7. Nachtrag zum Reichshaushaltsplan für 1922 vom 19. Dezember 1922 veröffentlicht war, hatte bereits die vorhergehende Nummer des RGBl. II, S. 793, den 8. Nachtrag zum Etat vom 15. Dezember 1922 verkündet.

Schadenersatz beanspruchen, die nicht im geringsten behaupten können, daß ihnen von Deutschland und seinen Verbündeten die Teilnahme am Kriege aufgezwungen worden sei.

Bei den Waffenstillstandsverhandlungen und beim Eintritt in die Friedensverhandlungen hatte sich Deutschland als der Unterlegene jedenfalls mit dem Gedanken abzufinden, daß finanzielle Lasten zu übernehmen seien. Aber der Waffenstillstand war nachgesucht und gewährt worden unter Zugrundelegung der 14 Punkte der Erklärung des amerikanischen Präsidenten Wilson. Keinesfalls konnte dies bedeuten, daß Deutschland verpflichtet sei, jedwede Kriegskosten den Gegnern zu ersetzen. Vielmehr waren von den Gegnern Deutschlands in dem Memorandum, welches Präsident Wilson erhielt und durch Staatssekretär Lansing am 5. November 1918 dem schweizerischen Gesandten in Washington für die deutsche Regierung übergab, die Friedensbedingungen Wilsons vom 8. Januar 1918 mit Wilsons Einverständnis hinsichtlich der Reparationsfrage ausdrücklich dahin definiert worden, „daß Deutschland für allen durch seine Angriffe zu Land, zu Wasser und in der Luft der Zivilbevölkerung der Verbündeten und ihrem Eigentum zugefügten Schaden Ersatz leisten werde". Dies schloß selbstverständlich Ersatzleistung für militärische Verluste aus, ebenso aber auch nach deutscher Meinung Ersatz von Militärpensionslasten, sowie Ersatz für die Kriegsentschädigungsleistungen der Verbündeten an ihre eigenen Angehörigen und an verbündete Mächte. Tatsächlich ist aber die Deutschland auferlegte Reparationszahlung auf Militärpensionen und ähnliches ausgedehnt worden; ferner wurde Deutschland zur Zahlung der Schuld Belgiens an seine Verbündeten verpflichtet; endlich wurde Deutschland in einer Anzahl von Fällen für Schäden haftbar gemacht, die zwar nicht Deutschland, aber die Verbündeten Deutschlands verursacht haben sollten. Eine gewisse Einschränkung der Schadenersatzpflicht, die sich in Wirklichkeit schon mit Rücksicht auf die Waffenstillstandsbedingungen ergeben hätte, wird in Artikel 232, Absatz 1 des Friedensvertrages damit begründet, „daß die Hilfsmittel Deutschlands unter Berücksichtigung ihrer dauernden, sich aus den übrigen Bestimmungen des gegenwärtigen Vertrages ergebenden Verminderung nicht ausreichen, um die volle Wiedergutmachung aller dieser" (im Art. 231 bezeichneten) „Verluste und Schäden sicherzustellen". Es wird dann im Absatz 2 des Artikels 232 — in Übereinstimmung mit den Waffenstillstandsbedingungen — Deutschland dazu verpflichtet, „daß alle Schäden wieder gutgemacht werden, die der Zivilbevölkerung jeder der alliierten und assoziierten Mächte und ihrem Gut während der Zeit, in der sich die beteiligte Macht mit Deutschland im Kriegszustand befand, durch diesen Angriff zu Land, zur See und in der Luft zugefügt worden sind". Hierzu wird aber eine sehr dehnbare Klausel hinzugefügt: „sowie überhaupt alle Schäden, die in der Anlage I näher bezeichnet sind". Im Absatz 3 des Artikels 232 ist dann der Ersatz der Schulden Belgiens an seine Verbündeten samt Zinsen Deutschland auferlegt.

Im einzelnen führt Anlage I zu Teil VIII, Abschnitt 1, die Schäden auf, für welche Deutschland Ersatz zu leisten habe. Unter Verwertung der deutschen Regierungsdenkschrift von 1922: „Die Kriegsschädenrechnungen der alliierten und assoziierten Mächte", (Art. 232 des Friedensvertrages von Versailles), Bd. II, seien die diesbezüglichen Schadensrechnungen, welche Frankreich in Papierfranken anmeldete, jeweils beigefügt.

Französische Schadensrechnung:

| | | |
|---|---|---|
| 1. Schäden, die, wo auch immer es sei, Zivilpersonen an ihrer Person oder ihrem Leben und den ihnen gegenüber unterhaltsberechtigten Hinterbliebenen durch irgendwelche Kriegshandlungen, einschließlich der Bombardements und sonstiger Land-, See- und Luftangriffe, sowie durch die unmittelbaren Folgen dieser Kriegshandlungen oder die Folgen irgendwelcher Kriegsoperationen der beiden kriegführenden Gruppen zugefügt worden sind. | zu 1: Fr. | 514465000 |
| 2. Schäden, die, wo auch immer es sei, von Deutschland oder seinen Verbündeten Zivilpersonen oder den ihnen gegenüber unterhaltsberechtigten Hinterbliebenen durch Grausamkeiten, Gewalttätigkeiten oder Mißhandlungen zugefügt sind. Darunter fällt auch Schädigung an Leben und Gesundheit infolge von Gefangensetzung, Verschickung, Internierung, Abschiebung, Aussetzung auf See und Zwangsarbeit. | | |
| 3. Schäden, die von Deutschland oder seinen Verbündeten auf eigenem Gebiet oder im besetzten und mit Krieg überzogenen Gebiet Zivilpersonen oder den ihnen gegenüber unterhaltsberechtigten Hinterbliebenen durch Verletzung von Gesundheit, Arbeitsfähigkeit oder Ehre zugefügt sind. | | |
| 4. Schäden aus jeder Art schlechter Behandlung von Kriegsgefangenen. | zu 2—4: Fr. | 1869230000 |
| | Übertrag: Fr. | 2383695000 |

Übertrag: Fr. 2 383 695 000

5. Als Schäden, der den Völkern der alliierten und assoziierten Mächte zugefügt ist, alle Pensionen und gleichartigen Vergütungen an die militärischen Opfer des Krieges (Landheer, Marine und Luftstreitkräfte), Verstümmelte, Verwundete, Kranke oder Invalide und an Personen, deren Ernährer diese Opfer waren; als Betrag dieser den alliierten und assoziierten Regierungen geschuldeten Summen kommt für jede dieser Regierungen der kapitalisierte Wert der bezeichneten Pensionen und Vergütungen in Anschlag. Bei der Umrechnung auf den Kapitalwert werden der Zeitpunkt des Inkrafttretens des gegenwärtigen Vertrages und die in Frankreich zu diesem Zeitpunkt geltenden Tarife zugrunde gelegt. zu 5: Fr. 60 045 696 000

6. Die Kosten der Unterstützung, die von den Regierungen der alliierten und assoziierten Mächte den Kriegsgefangenen, ihren Familien und den Personen, deren Ernährer sie waren, gewährt worden ist. Fr. 976 906 000

7. Die Zuwendungen der Regierungen der alliierten und assoziierten Mächte an die Familien der Mobilisierten und aller im Heer Gedienten und an die ihnen gegenüber unterhaltsberechtigten Personen; der Betrag der ihnen für jedes Jahr der Dauer der Feindseligkeiten zustehenden Summen wird für jede der genannten Regierungen auf der Grundlage des in Frankreich in dem betreffenden Jahre für Zahlungen dieser Art geltenden Durchschnittstarifs errechnet. Fr. 12 936 956 824

8. Die den Zivilpersonen von Deutschland oder seinen Verbündeten durch Heranziehung zur Arbeit ohne angemessene Vergütung zugefügten Schäden. Fr. 223 123 313

9. Schäden an allem Eigentum, gleichviel wo belegen, das einer der alliierten oder assoziierten Mächte oder ihren Staatsangehörigen zusteht (ausgenommen Anlagen und Material des Heeres oder der Marine) und durch die Maßnahmen Deutschlands oder seiner Verbündeten zu Lande, zu Wasser, oder in der Luft weggeführt, beschlagnahmt, beschädigt oder zerstört worden ist, oder Schäden, die unmittelbar aus den Feindseligkeiten oder irgendwelchen Kriegshandlungen erwachsen sind. Fr. 140 707 603 044

10. Schäden, die der Zivilbevölkerung in Form von Auflagen, Geldstrafen oder ähnlichen Beitreibungen seitens Deutschland oder seiner Verbündeten zugefügt sind. Fr. 1 267 615 939

Insgesamt Fr. 218 541 596 120

Die beiden gewaltigsten Posten in der französischen Schadensrechnung sind, wie hieraus ersichtlich, die sogenannten Sachschäden (Nr. 9) und die Militärpensionen, sowie die Beihilfen an die Familien der Mobilisierten (5, 7). Wie Keynes[1]) eingehend begründet, ist nicht nur bei Frankreich, sondern bei allen Gläubigern Deutschlands die Einbeziehung der Militärpensionen in die Schadensrechnung ein sehr anfechtbares Vorgehen gewesen. Wenn es zu einer Revision des Vertrages je kommen sollte, lassen sich sehr gewichtige Gründe dafür geltend machen, daß der sehr erhebliche Teil der Deutschland auferlegten Zahlungen, welcher mit Ersatz der Militärpensionen und der Zuwendungen an die Familien der Mobilisierten motiviert wurde, von Rechts wegen wegzufallen hätte. Nach deutscher Schätzung entfallen von 185 822,3 Millionen Goldmark angemeldeten Schäden sämtlicher Mächte, ohne Polen, 78 424,4 Millionen Goldmark auf Pensionen oder Familienunterstützungen (Deutsche Denkschrift von 1922, I. Teil, S. 18).

Was die Sachschäden betrifft, so ist hinsichtlich deren Schätzung ein weiter Spielraum für Meinungsverschiedenheiten gegeben. Der Friedensvertrag stellt in § 12 e der Anlage II zu Teil VIII für die Berechnung der Sachschäden das Prinzip des Reproduktionswertes, nicht des Kostenwertes auf: „Die Kosten, die durch die Wiederherstellung und den Wiederaufbau der Anwesen einschließlich ihrer Wiederausstattung mit Hausrat, Maschinen und allem Gerät in den mit Krieg überzogenen und verwüsteten Gegenden entstehen, werden mit dem Preis berechnet, den die Wiederherstellung und der Wiederaufbau zur Zeit der Ausführung der Arbeiten erfordert."

Man hat dem zu entsprechen gesucht, indem jeweils von Frankreich der Wert 1914 für die verschiedenen Schäden berechnet und dann mit verschiedenen Koeffizienten (1—5) multipliziert wurde, um den Wiederherstellungswert zu berechnen.

Die Art der Berechnung wird ersichtlich, wenn man erwägt, daß der Gesamtwert der französischen Sachschäden 1914 auf 38 785 581 412 Fr. geschätzt und durch die Multiplikation mit den verschiedenen Koeffizienten ein zu vergütender Wiederherstellungswert von nicht weniger als 140 707 603 044 Fr. errechnet wurde. Auf Seite 10 der bereits erwähnten deutschen Regierungsdenkschrift findet sich folgende tabellari-

[1]) Vgl. J. M. Keynes, Revision des Friedensvertrages, München und Leipzig, 1922, S. 146 ff.

sche Zusammenstellung der von Frankreich in Rechnung gestellten Sachschäden: (vgl. Tabelle).

Daß in der Schätzung des Sachschadens, wie übrigens auch hinsichtlich der Personenschäden, vom deutschen Standpunkt aus die französischen Berechnungen als nicht maßvoll erschienen, ist bei der Natur solcher Probleme nicht überraschend. Frankreich berechnete beispielsweise den Schaden seiner Textilfabriken allein an Gebäuden und Einrichtungen auf 891,454 Millionen Fr., nach dem Wert von 1914, während Deutschland überhaupt den Wert der Textilfabriken in dem in Betracht kommenden französischen Gebiet nur auf 622,5 Millionen Fr. für 1914 nach seiner Kenntnis der Dinge annahm, somit eine Schadensberechnung in Höhe von 144% des Wertes feststellen zu müssen glaubte[1]). Fast durchweg sind Differenzen zwischen der deutschen und der französischen Auffassung darin begründet, daß nach deutscher Auffassung und während der Besetzung gemachter Beobachtung die französischen Maschinen usw. abgenutzt oder veraltet waren und dem bei der französischen Schadensberechnung nicht Rücksicht geschenkt wurde. In einzelnen Fällen wird von deutscher Seite festgestellt, daß Deutschland nicht Wiederherstellung, sondern Verbesserungen bezahlen soll. In einem Fall (vgl. S. 301 der Denkschrift, Bd. II) konnte festgestellt werden, daß eine Firma (Gildemeester in Ronchin-les-Lille) eine Schadenforderung angemeldet hatte, die sowohl von Peru wie von Frankreich in Rechnung gesetzt wurde[2]). Eine gewaltige Überschätzung der Schäden in Landwirtschaft, Forstwirtschaft, Jagd und Fischerei ist in Frankreich nach deutscher Ansicht erfolgt. Unter anderem beanstandete Deutschland, daß die deutschen Zahlungen im Kriege, ferner die Möglichkeiten, Inventar rechtzeitig zu retten, nicht berücksichtigt wurden, und daß Gebiete als geschädigt angesehen wurden, welche außerhalb des Einwirkungsbereiches der deutschen Waffen lagen. Man mag, wie immer, über diese Streitfragen denken; bei einer Nachprüfung durch unbefangenene und sachkundige Instanzen würde wohl mancher deutsche Einwand gegen französische Schätzungen mindestens zu weiteren Klärungen der Auffassung geführt haben. Ein Beispiel,

---

[1]) Vgl. Bd. II der Kriegsschädendenkschrift von 1922, S. 310.

[2]) Nach Bd. I, S. 8 der Kriegsschädendenkschrift von 1922 sind übrigens die Reparationsansprüche von Bolivia, Peru und Haiti durch den Wiedergutmachungsausschuß nicht anerkannt worden.

**Französische vorläufige Sachschadenschätzung in französischen Franken nach Bd. II, S. 10[1]), der deutschen Denkschrift.**

| Art der Schäden | Wert 1914 | | | | | Wiederherstellungswert |
|---|---|---|---|---|---|---|
| | Koeffizient 1 | Koeffizient 2 | Koeffizient 3 | Koeffizient 4 | Koeffizient 5 | |
| 1. Schäden der Industrie, an Eisenbahnen und Bergwerken | — | — | 331 187 788 | — | 7 577 791 623 | 38 882 521 479 |
| 2. Schäden am Grundeigentum | 4 283 767 864 | 717 731 000 | 702 581 701 | 2 310 907 097 | 920 188 574 | 21 671 546 225 |
| 3. Schäden an Bauten (ausgenommen Industrie, Eisenbahnen, Bergwerke) | — | — | 195 000 000 | — | 7 261 500 000 | 36 892 500 000 |
| 4. Schäden an bewegl. Habe (ausgenommen Industrie, Eisenbahnen, Bergwerke) | 240 000 000 | — | — | — | 4 975 900 000 | 25 119 500 000 |
| 5. Seeschäden | 1 583 078 242 | — | — | — | 685 308 096 | 5 009 618 722 |
| 6. Schäden an Straßen, Binnenschiffahrt, Seehafen und am Kataster | — | — | 1 030 270 | 409 835 710 | 188 173 155 | 2 583 299 425 |
| 7. Schäden an gewissem Staatseigentum, getrennt abgeschätzt nach den öffentlichen Verwaltungen | 34 220 700 | 24 540 650 | 122 572 780 | 4 243 957 | 298 044 205 | 1 958 217 193 |
| 8. a) Schäden in Algier, in den Kolonien und im Ausland | — | — | 701 845 000 | — | — | 2 105 535 000 |
| b) Sonstige Schäden | 681 700 000 | — | 178 000 000 | 13 000 000 | 218 433 000 | 2 359 865 000 |
| c) Zinsen vom 11. Nov. 1918 bis 1. Mai 1921 | 4 125 000 000 | — | — | — | — | 4 125 000 000 |
| | 10 947 766 806 | 742 271 650 | 2 232 217 539 | 2 737 986 764 | 22 126 438 653 | 140 707 603 044 |
| | 38 786 681 412 | | | | | |
| Hierzu Personenschäden einschließlich Militärpensionen usw. | | | | | | 77 833 993 076 |
| Summa | | | | | | 218 541 596 120 |



[1]) Auf S. 10 und S. 2 der Denkschrift befinden sich Druckfehler, die hier berichtigt sind.

wie zu ungunsten Deutschlands in der Schadenanmeldung gerechnet worden ist, möge zum Schlusse angeführt werden. In der Sachschädenrechnung fordert Frankreich 5 % Zinsen auf 33 Milliarden Fr. Sachschäden für die Zeit vom 11. November 1918 bis 1. Mai 1921. Man stützt sich hierbei auf § 16 der Anlage II, Teil VIII des Friedensvertrages; Absatz 2 dieses § 16 lautet: „Wenn der Ausschuß zum 1. Mai 1921 den Gesamtbetrag der deutschen Schuld festsetzt, kann er Zinsen für die wegen Sachschäden geschuldeten Summen vom 11. November 1918 bis 1. Mai 1921 in Rechnung stellen." Ganz abgesehen davon, daß sich über die Ziffer 33 Milliarden Fr. Sachschäden sehr streiten ließe, ist unanfechtbar, daß die Frist, für welche Zinsen berechnet werden können, nicht volle 30 Monate, sondern nur 30 Monate weniger 11 Tage umfaßt. Dadurch, daß Frankreich den Abzug der Zeit vom 1. bis 11. November nicht berücksichtigt, erhöht sich die Menge der Deutschland belasteten Zinsen ungerechtfertigterweise um nicht weniger als 50 416 666 Fr.

Es ist leider nicht im einzelnen festzustellen, welche Einwendungen der deutschen Regierung gegenüber der französischen Schadenberechnung vom Wiedergutmachungsausschuß berücksichtigt worden sind; es ist nicht einmal zu entnehmen, ob schließlich von der französischen Schadensrechnung von 218542 Millionen Franken ausgegangen wurde, oder ob etwas daran gestrichen worden ist[1]). Wir wissen nur, daß der

[1]) Bd. I, S. 8 der deutschen Denkschrift über die Kriegsschädenrechnungen sagt: „Wie aus den amtlichen Mitteilungen der Reparationskommission hervorgegangen ist, hat diese nicht etwa die Schadensbeträge der einzelnen Länder festgesetzt, sondern sich damit begnügt, nach einer Erörterung der von den einzelnen Delegationen vorgeschlagenen Ziffern, die anscheinend weit auseinandergegangen sind, den Gesamtbetrag der Reparationsschuld festzusetzen. Es bestehen also keine offiziellen Zahlen für die Reparationsforderungen der einzelnen alliierten Staaten. Die Reparationskommission konnte von deren Festsetzung absehen, weil die Verteilung der von Deutschland auf die Reparationsschuld zu leistenden Zahlungen in Gemäßheit des Artikels 237 des Friedensvertrages von Versailles von den alliierten Mächten ohne Zusammenhang mit den Schadensrechnungen geregelt worden ist. Die Vereinbarung ist gelegentlich der Konferenz von Spa im Juli 1920 erfolgt. Die folgende Zusammenstellung zeigt die in Spa festgesetzten Einzelziffern, die danach berechneten Anteile der einzelnen Mächte an der Reparationsschuld und, zum Vergleich mit diesen, die Endziffern der Schadensanmeldungen, wie sie deutscherseits errechnet worden sind ...:

Wiedergutmachungsausschuß, der durch Artikel 233, Absatz 3 verpflichtet war, spätestens am 1. Mai 1921 Deutschland den Betrag der Wiedergutmachungsschulden bekanntzugeben, im Londoner Ultimatum einen Gesamtschaden der Siegerstaaten von 132 Milliarden Goldmark zuzüglich eines auf Belgiens Schuld an seine Verbündeten entfallenden Betrages, den Keynes auf etwa 6 Milliarden Goldmark schätzt, auferlegt hat[1]). Wir können annehmen, daß über 185 Milliarden Gold-

| Land | Anteilziffer % | Anteil an der Reparationssumme Mill. Goldmark | Angemeldeter Schadensbetrag Mill. Goldmark |
|---|---|---|---|
| Frankreich | 52 | 68 640 | 64 881 |
| Britisches Reich | 22 | 29 040 | 42 678 |
| Italien | 10 | 13 200 | 18 264 |
| Belgien | 8 | 10 560 | 11 441 |
| Serbisch-Kroatisch-Slowenischer Staat | 5 | 6 600 | 6 844 |
| Portugal | 3/4 | 990 | 8 817 |
| Japan | 3/4 | 990 | 1 641 |
| Rumänien, Griechenland, Tschechoslovakei, Brasilien, Cuba, Siam, Liberia | 1 1/2 | 1 980 | 31 255 |

Die Reparationsansprüche von Bolivia, Peru und Haiti sind nicht anerkannt worden, weil diese Staaten sich nicht im Kriegszustand mit Deutschland befunden, sondern lediglich die diplomatischen Beziehungen abgebrochen haben. Ebenso wenig hat Polen einen Reparationsanspruch; die Frage, ob es etwa auf Grund von Artikel 116 Abs. 3 des Vertrages von Versailles Ansprüche geltend machen könne, ist von der Reparationskommission offengelassen worden.

Von den Mächten, die im Eingang des Vertrages von Versailles genannt sind, haben Reparationsansprüche vor der Reparationskommission nicht erhoben: China, Ecuador, Guatemala, Hedschas, Honduras, Nicaragua, Panama und Uruguay."

[1]) In der Revue économique internationale vom 22. August 1922, S. 362 ff. gibt Pierre Guébhard die Kriegsdarlehen, die Belgien seinen Verbündeten schulde, wie folgt an:

| | | |
|---|---|---|
| Forderung der Vereinigten Staaten: | Kapital | 377 564 000 $ |
| | Zinsen | 42 700 000 $ |
| | Insgesamt | 420 264 000 $ |
| Forderung Großbritanniens | | 81 000 000 £ |
| Hierzu Darlehen nachträglich für Wiederaufbau | | 9 000 000 £ |
| Forderung Frankreichs | | 3 684 000 000 Fr. |

mark Schäden angemeldet worden waren, von denen dann 132 Milliarden anerkannt worden sind. Es sind aber nicht alle Anmeldungen bei dieser Berechnung gekürzt worden, vielmehr nur die der kleineren Staaten, während Frankreich mehr zugewiesen bekam, als seine Schadensanmeldungen ausmachten. Die Gründe hierfür sind nicht erkennbar.

Nicht minder dunkel bleibt die wichtige und schwierige Frage des Maßstabes, nach welchem die Goldmarkverpflichtungen Deutschlands berechnet worden sind. Sämtliche Kriegsteilnehmerstaaten Europas waren mit Zettelwirtschaft belastet aus dem Kriege hervorgegangen. Heute noch ist im allgemeinen die Goldparität bei den europäischen Staaten nicht wieder hergestellt. Die Schäden waren zunächst in einer

---

Auf S. 369 rechnet er diese Beträge ohne weiteres um in Goldfranken, und zwar

| | | | |
|---|---|---|---|
| für die Forderung der | Vereinigten Staaten | in 2176 | Mill. Fr. |
| „ „ „ | Großbritanniens | „ 2270 | „ Fr. |
| „ „ „ | Frankreichs | „ 3684 | „ Fr. |
| Er rechnet hierdurch | in Goldfranken insgesamt | 8130 | Millionen. |

Hierbei sind die von Frankreich an Belgien dargeliehenen Papierfranken ebensoviel Goldfranken gleichgesetzt, während für die Umrechnung der belgischen Schuld an Frankreich durch Schiedsspruch des Amerikaners Boyden vom 2. September 1921 eine Entscheidung getroffen sein soll. Welcher Pfundsterlingskurs von Guébhard berechnet wurde und ob er korrekterweise die erst nach dem Waffenstillstand an Belgien von Großbritannien geliehenen 9 Millionen Pfund außer Betracht gelassen hat, ist nicht mitgeteilt. Anscheinend hat jedoch Guébhard auch die von Deutschland nicht zu ersetzenden weiteren 9 Millionen Pfund eingerechnet und den Pariwert des Sovereign mit Goldfranken (25,22 Fr. gleich 1) zugrunde gelegt. Die Zinsen von 5%, welche Deutschland auf die belgische Schuld nach dem Friedensvertrag Artikel 232 Abs. 3 zu erstatten hat, sind nur bei der Forderung der Vereinigten Staaten ersichtlich gemacht. Ob wirklich volle 8130 Millionen Goldfranken (gleich 6585300000 Goldmark) von Deutschland an Belgien zu erstatten sind, erscheint sehr zweifelhaft. Bei Guébhard findet sich auch sonst Überraschendes, so S. 368 die befremdende Behauptung, daß die Gesamtforderung aus dem Ultimatum von 132 auf 120 Milliarden Goldmark „à la suite de certains ajustements“ vermindert worden sei, wovon sonst nichts verlautet hat.

In der offiziellen Veröffentlichung „Reparation Commission I. Statement of Germany's obligations under the heading of reparations etc., at April 30th, 1922“ London 1922, S. 27, sind provisorisch die Schulden Belgiens an seine Verbündeten, für welche Deutschland haftet, auf 4000 Millionen Goldmark neben der deutschen Reparationsschuld von 132000 Millionen Goldmark beziffert.

vom Goldpari mehr oder weniger abweichenden Währung zu berechnen. Wir wissen, daß Frankreich für 64881 Millionen Goldmark Schäden angemeldet hatte und schließlich an der Reparationssumme von 132 Milliarden Goldmark mit einer Forderung von 68640 Millionen Goldmark beteiligt worden ist. Für die Berechnung der Goldmarkansprüche Frankreichs scheint ein Umrechnungskurs von etwas über 3 Papierfranken für eine Goldmark zugrunde gelegt worden zu sein. Da tatsächlich im April 1921 der französische Papierfranken in New York durchschnittlich mit 7,236 Cts. berechnet wurde, während am 20. Februar 1923 der amerikanische Kurs für französische Franken in New York mit 5,97 Cts. gemeldet wurde, so folgt, daß, wenn Frankreich die empfangenen Goldmark in Papierfranken verwandelt und mit diesen Papierfranken seine Militärpensionen und Wiederaufbaukosten usw. bestreitet, bei jeder Verschlechterung des Franken gegenüber dem Dollar sich ein Valutagewinn Frankreichs ergibt[1]). Anders liegt die Sache bei der belgischen Forderung auf Ersatz seiner Verpflichtungen an die Verbündeten, soweit diese in hochwertiger Valuta zu erfüllen sind. Jedenfalls kommen aber hier Gesichtspunkte in Betracht, die bei einer Neuregelung der deutschen Reparationen, falls solche wirklich

---

[1]) Die Frage ist behandelt in der deutschen Denkschrift „Die Kriegsschädenrechnungen der alliierten und assoziierten Mächte (Art. 232 des Friedensvertrages von Versailles)", Berlin 1922, Bd. I, S. 8, 34 ff. Es ist dort anerkannt, daß dem Valutagewinn Frankreichs bei steigender Entwertung des Papierfranken in Gold Mehrlasten durch Steigerung der französischen Aufwendungen bei zunehmender Teuerung in Frankreich gegenüberstehen.

In dem ausgezeichneten Werke von J. M. Keynes, Revision des Friedensvertrages, München 1922, S. 113 und 127, finden sich Ausführungen, daß der Amerikaner Boyden für die Umrechnung der französischen Schäden in Goldmark den Kurs 2,20 Papierfranken gleich 1 Goldmark durch Schiedsspruch festgesetzt habe. Auf meine Anfrage bestätigte mir Herr Keynes, daß er diese Angabe nicht aufrechterhalten könne; er sei durch eine Rede von Loucheur in loyalster Weise zu einem Mißverständnis gelangt. Nach neuerdings erlangten Informationen, die er mir freundlichst zur Verfügung stellte, sei Herr Keynes zu der Erkenntnis gelangt, daß 1. Herr Boyden über Umrechnung französischer Sachschäden in Goldmark nichts zu entscheiden hatte, 2. seine Entscheidung 2,20 Fr. gleich 1 Goldmark sich nur auf Pensionslasten bezog, 3. daß bei dem hiervon zu sondernden Schiedsspruch über die Berechnung der belgischen Schuld Herr Boyden den Vertrag auszulegen, nicht eine Ziffer festzusetzen hatte.

unter Gesichtspunkten der Billigkeit erfolgen würde, ernsteste Berücksichtigung verdienen dürften.

c) Was hat Deutschland bisher erfüllt?

Artikel 235 bestimmte, daß vorläufig, unter Anrechnung auf die bis zum 1. Mai definitiv festzusetzende Entschädigungssumme, Deutschland 1919, 1920 und bis Ende April 1921 den Gegenwert von 20 Milliarden Goldmark zu zahlen habe. Der Wiedergutmachungsausschuß habe festzusetzen, in wieviel Raten und in welcher Form (in Gold, Waren, Schiffen, Wertpapieren und anderswie) diese Leistungen erfolgen sollen.

Für die Verwendung der 20 Milliarden Goldmark sollten in Betracht kommen:

1. Deckung der Kosten für die Besatzungsarmee;

2. mit Genehmigung der alliierten und assoziierten Hauptmächte Zahlungen für diejenigen Nahrungsmittel und Rohstoffe, welche von den Regierungen dieser Mächte für nötig gehalten werden, um Deutschland die Möglichkeit zur Erfüllung seiner Verpflichtung zur Wiedergutmachung zu gewähren;

3. der Rest ist von Deutschlands Wiedergutmachungsschuld in Abzug zu bringen.

Demgemäß hatte Deutschland für 20 Milliarden Goldmark Inhaberanweisungen, zahlbar bis 1. Mai 1921, als Sicherstellung und Anerkenntnis seiner Schuld, gemäß § 12c der Anlage II, Teil VIII, Abschnitt 1 des Friedensvertrages, den Alliierten zu überweisen. Ferner waren für zweimal 40 Milliarden Goldmark weitere, später fällige deutsche Inhaber-Schatzanweisungen im genannten § 12c der Anlage II vorgesehen.

Ehe weiter berichtet wird, wie durch den Zahlungsplan, auf Grund des Londoner Ultimatums 1921, diese Bestimmungen verändert wurden, muß die Frage der im Friedensvertrag angeordneten Sachleistungen erörtert werden. § 1, Anlage III zu Teil VIII, Abschnitt 1 des Vertrages legte Deutschland die Last auf, den Siegern „Ersatz aller durch Kriegsereignisse verlorenen oder beschädigten Handelsschiffe und Fischereifahrzeuge, Tonne für Tonne (Bruttovermessung) und Klasse für Klasse“ zu leisten. Dementsprechend mußte Deutschland alle den Reichsangehörigen gehörenden Seehandelsschiffe von 1600 Bruttotonnen und darüber, die Hälfte des Tonnengehaltes der Schiffe, deren

Bruttotonnengehalt zwischen 1000 und 1600 Tonnen beträgt, und je ein Viertel des Tonnengehaltes sowohl der Fischdampfer wie der anderen Fischereifahrzeuge binnen zwei Monaten, einschließlich der im Bau befindlichen Schiffe, an die Alliierten übertragen und noch weitere Bauverpflichtungen übernehmen.

Nach § 6 der Anlage II, Teil VIII, Abschnitt 1, liefert weiter Deutschland binnen zwei Monaten nicht nur alle Flußschiffe aus dem Besitz der Alliierten zurück, sondern außerdem zum Ausgleich für Verluste bis zu 20% des deutschen Flußschiffbestandes vom 11. November 1918. In diesem Fall entscheiden Schiedsrichter.

Da Deutschland auf Ansprüche aus seinen Schiffsverlusten während des Krieges verzichten mußte, so ergaben sich für die deutschen Finanzen: 1. Entschädigungsleistungen an deutsche geschädigte Schiffsbesitzer aus Deutschland widerfahrenen Kriegsschäden, 2. Entschädigungsleistungen anläßlich Enteignung des an die Alliierten zu liefernden Schiffsparks, 3. eine bedeutende Verschlechterung der deutschen Zahlungsbilanz, in welcher die Einnahmen aus Schiffahrt bisher einen wichtigen Posten zur Bezahlung des Wertes der Mehreinfuhr der Handelsbilanz gebildet hatten [1]).

Deutschland hat nach § 2, 3, 4 der Anlage IV, Teil VIII, Abschnitt 1 des Vertrages Ersatz in Natura für die Tiere, Maschinen, Montierungsteile usw. zu leisten, die von Deutschland beschlagnahmt, verbraucht oder zerstört worden sind usw., ferner die Stoffe zum Wiederaufbau, welche begehrt werden, zu liefern. Für den Wert dieser Naturalleistungen soll Deutschland Gutschrift auf die Reparationsschuld erteilt werden. Als unmittelbare Abschlagslieferung auf diese Schuld hatte Deutschland nach § 6, Anlage IV, Teil VIII, Abschnitt 1 des Versailler Vertrages binnen drei Monaten nach Inkrafttreten des Vertrages folgende Mengen von Tieren zu liefern:

---

[1]) Nach der Begründung in der Anlage zu Kapitel XX 7, Tit. 7 des außerordentlichen Reichshaushaltplanes, 7. Nachtrag 1922, S. 14, haben die deutschen Reedereien im Kriege und durch den Friedensvertrag insgesamt 1316 Schiffe mit 4788000 Bruttoregistertonnen gleich rund 7500000 Tragfähigkeitstonnen verloren. Als Gesamtabfindung zum Wiederaufbau von 2500000 Tragfähigkeitstonnen waren 2 Milliarden Papiermark im Februar 1921 in Aussicht genommen worden. Infolge der Markentwertung mußte die Summe gewaltig erhöht werden. Für allein 760000 t entsteht eine Steigerung der Baukosten um nahezu 26 Milliarden Mk.

| | an Frankreich | an Belgien | insgesamt |
|---|---|---|---|
| Zuchthengste von 3—7 Jahren | 500 | 200 | 700 |
| Stutfüllen und Stuten von 18 Monaten bis 7 Jahren | 30 000 | 10 000 | 40 000 |
| Stiere von 18 Monaten bis 3 Jahren | 2 000 | 2 000 | 4 000 |
| Milchkühe von 2—6 Jahren | 90 000 | 50 000 | 140 000 |
| Färsen | — | 40 000 | 40 000 |
| Böcke | 1 000 | 200 | 1 200 |
| Schafe | 100 000 | 20 000 | 120 000 |
| Ziegen | 10 000 | — | 10 000 |
| Mutterschweine | — | 15 000 | 15 000 |

Gehören die Tiere, gemäß erfolgter Feststellung, zu den weggeführten oder beschlagnahmten, so wird der Wert dieser gelieferten Tiere nicht auf die deutsche Wiedergutmachungsschuld angerechnet während im übrigen die Anrechnung des Wertes zu erfolgen hat. Besonders die Minderung des deutschen Bestandes an Milchkühen erwies sich als ruinös. Durch besonderes Abkommen mit Frankreich wurde im Oktober 1921 eine Umwandlung solcher Verpflichtungen in andere erreicht [1]).

Nach Anlage V, Teil VIII, Abschnitt 1 des Friedensvertrages hat ferner Deutschland sehr beträchtliche Mengen von Kohlen und Kohlenprodukten zu liefern.

Frankreich [2]) hat zehn Jahre lang, abgesehen davon, daß es das Eigentum an den Saar-Kohlengruben erworben hat, zu beanspruchen: 7 Millionen Tonnen Kohlen jährlich, außerdem eine Kohlenmenge,

---

[1]) Vgl. „Die Durchführung des Versailler Vertrages vom 10. Januar 1920 bis zum 10. Januar 1922", S. 42, 43 auch 36, und „Die Erfüllung des Vertrages von Versailles durch Deutschland bis zum 1. April 1921", S. 37—39.

[2]) Nach dem Stat. Jahrb. f. d. Deutsche Reich 1921/22, S. 318, und für 1915, S. 310, betrug für das ehemalige Deutschland einschließlich Saargebiet und ganz Oberschlesien der Verbrauch an Steinkohlen: 1912 154116877 Tonnen, bei Berücksichtigung der Ein- und Ausfuhr von Koks und Briketts 145250546 Tonnen, 1913 166051101 bzw. 156228244 Tonnen. Die deutsche Steinkohlengewinnung wird ebenda berechnet auf: 1912 174881452, 1913 190109440 Tonnen. 1919 ging die Gewinnung im verkleinerten Gebiet auf 116707234 Tonnen Steinkohlen zurück. Für die Ausfuhr standen vor dem Kriege 31,1 bis 34,6 Millionen Tonnen zur Verfügung, denen 10,4 bis 10,5 Millionen Tonnen Einfuhr gegenüberstanden. Vgl. auch Bennhold, Die deutsche Kohlenlage, in Schmollers Jahrbuch 1922, S. 307 ff.

gleich dem Unterschiede der früheren Jahresförderung kriegsbeschädigter französischer Kohlenbergwerke und der seitdem wiedereintretenden Förderung, jedoch für diesen Ersatz nicht mehr als 20 Millionen Tonnen jährlich in den ersten fünf Jahren und nicht mehr als 8 Millionen Tonnen jährlich während der folgenden fünf Jahre. Belgien hat zehn Jahre lang 8 Millionen Tonnen jährlich zu beanspruchen, Italien zehn Jahre lang Höchstmengen, die von anfangs $4^1/_2$ Millionen Tonnen jährlich bis zu $8^1/_2$ Millionen steigen.

Auch für Luxemburg sind nach § 5 Kohlenbezugsrechte vorgesehen [1]).

Statt je 4 Tonnen Kohle können 3 Tonnen Hüttenkoks beansprucht werden. Die Kohle wurde anfangs berechnet (in diesem Punkte erfolgen später etwas abweichende Festsetzungen) zum deutschen Preis frei Grube, einschließlich Fracht bis zur Grenze, aber nie höher frei Grube als zum britischen Ausfuhrkohlenpreis. Dieser Wert wird Deutschland auf

[1]) Nach der deutschen Regierungsdenkschrift: „Die Durchführung des Versailler Vertrages vom 10. Januar 1920 bis zum 10. Januar 1922", S. 48/49 wurden an Kohlen, Koks in Kohlen umgerechnet, von Deutschland geliefert: September 1919 bis Juli 1920 8807161 Tonnen, August 1920 bis Januar 1921 rund 11300000 Tonnen. Von da ab wurden, nachdem die Reparationskommission vom Februar 1921 ab monatlich 2200000 Tonnen, mindestens aber 1,6, später 1,7 Millionen Tonnen forderte, geliefert:

| | | | | |
|---|---|---|---|---|
| Im | Februar | 1921 | . 1889443 | Tonnen |
| „ | März | 1921 | . 1421849 | „ |
| „ | April | 1921 | . 1591861 | „ |
| „ | Mai | 1921 | . 1549993 | „ |
| „ | Juni | 1921 | . 1442181 | „ |
| „ | Juli | 1921 | . 1406692 | „ |
| „ | August | 1921 | . 1579468 | „ |
| „ | September | 1921 | . 1663276 | „ |
| „ | Oktober | 1921 | . 1509702 | „ |
| „ | November | 1921 | . 1462318 | „ |
| „ | Dezember | 1921 | . 1409157 | „ |

Nach Wirtschaft und Statistik 1922, S. 589 und 1923, S. 33 wurden geliefert:

| | | | | | |
|---|---|---|---|---|---|
| Im | Januar | 1922 | rund | 1643000 | Tonnen |
| „ | Februar | 1922 | „ | 1221000 | „ |
| „ | März | 1922 | „ | 1744000 | „ |
| „ | April | 1922 | „ | 1796000 | „ |
| „ | Mai | 1922 | „ | 1813000 | „ |
| „ | Juni | 1922 | „ | 1614000 | „ |
| „ | Juli | 1922 | „ | 1564000 | „ |
| „ | August | 1922 | „ | 1258000 | „ |
| „ | September | 1922 | „ | 1436000 | „ |
| „ | Oktober | 1922 | „ | 1433000 | „ |
| „ | November | 1922 | „ | 1515000 | „ |

Im Jahre 1922 wurde Deutschland durch die Kohlenlieferungen so von Vorräten entblößt, daß die Reichsbahnen ausländische Kohlen mit riesigen Kosten zur Deckung des Defizits für ihren Bedarf einführen mußten. Durch den Verlust eines Teils von Oberschlesien war natürlich die deutsche Leistungsfähigkeit hinsichtlich der Kohlen verschlechtert worden, vollends noch mehr durch Wegnahme der Saarbergwerke.

die Wiedergutmachungsschuld gutgeschrieben. An Frankreich sind ferner drei Jahre lang jährlich zu liefern:

35 000 Tonnen Benzol, 50 000 Tonnen Steinkohlenteer, 30 000 Tonnen schwefelsaures Ammoniak; an Stelle des Steinkohlenteers kann Frankreich bestimmte Destillationserzeugnisse der Kohlengewinnung verlangen [1]).

Nach Anlage VI, Teil VIII, Abschnitt 1 des Vertrages hat ferner Deutschland dem Wiedergutmachungsausschuß Farbstoffe und chemisch-pharmazeutische Erzeugnisse nach dessen Anordnung, bis zu 25 % seiner Erzeugung, zu liefern [2]).

---

[1]) Nach der deutschen Regierungsdenkschrift: „Die Durchführung des Versailler Vertrages vom 10. Januar 1920 bis 10. Januar 1922", S. 50/51, wurden von Deutschland geliefert:

an Benzol vom Februar 1921 bis 10. Januar 1922: 29 159,1 Tonnen
an schwefelsaurem Ammoniak
vom Mai 1920 bis April 1921 . . . . . . 29 815 825,00 kg
„ „ 1921 „ 10. Januar 1922 . . . . 20 894 168,75 „

[2]) Nach der obengenannten Denkschrift, S. 51/52, wurden von Deutschland geliefert:

a) an Farbstoffen

| | | |
|---|---|---|
| 50 % der am 15. August vorhandenen Bestände bis 30. Juni 1921 . . | 9 872 642,432 kg | im Werte von 149 763 104,15 Mk. |
| 25 % der laufenden Produktion bis 10. Januar 1922 . . . . . . . . . | 7 150 918,375 „ | „ „ „ 514 007 988,48 „ |

Auf Grund eines am 24. August 1921 in Kraft getretenen Zusatzabkommens sind bis zum 10. Januar 1922 geliefert an:

| | | | |
|---|---|---|---|
| Amerika . . . . . . | 18 688,000 kg | im Werte von | 4 110 338,95 Mk. |
| | 20 940,000 „ | „ „ „ | 120 109,78 $ |
| Belgien . . . . . . | 109 083,000 „ | „ „ „ | 10 498 013,45 Mk. |
| | 26 389,000 „ | „ „ „ | 489 390,00 Fr. |
| England . . . . . . | 67 893,000 „ | „ „ „ | 3 244 326,45 Mk. |
| | 6 187,000 „ | „ „ „ | 5 673/10/4 £ |
| Frankreich . . . . . | 18 712,000 „ | „ „ „ | 3 185 456,40 Mk. |
| | 8 101,000 „ | „ „ „ | 314 162,40 Fr. |
| Italien . . . . . . | 20 661,000 „ | „ „ „ | 2 443 514,15 Mk. |
| | 3 628,000 „ | „ „ „ | 167 474,65 Lire |

b) an chemisch-pharmazeutischen Produkten

| | | |
|---|---|---|
| 50 % der am 20. September 1919 vorhandenen Bestände bis 31. März 1921 . . . . . . . . . . . | 106 647 kg | im Werte von 11 805 632 Mk. |
| 25 % der laufenden Produktion vom Oktober 1920 bis 10. Januar 1922 | 482 961 „ | „ „ „ 208 637 475 „ |

Im übrigen verliert Deutschland, nach Anlage VII, Teil VIII, den Rest seines Kabelnetzes, soweit dies nicht schon im Kriege von den Feinden zerstört war. Auch hierdurch erwuchsen wiederum dem Reiche Entschädigungsverpflichtungen und entgingen der deutschen Zahlungsbilanz Einnahmeposten.

## V. Äußerer Hergang seit dem Londoner Ultimatum vom 5. Mai 1921 bis zur Gegenwart. Zahlungsschwierigkeiten und Valutaverfall.

Überblicken wir die tatsächliche Entwicklung seit dem Versailler Frieden, so ist es das Programm der Reichsregierung gewesen, nach Möglichkeit die Bestimmungen zu erfüllen; andererseits wurden von der Gegenseite fortgesetzt Vorwürfe erhoben, daß es an der Erfüllung und dem dazu nötigen guten Willen fehle. Deutschland hatte schon, wenn sich die Anforderungen der Siegerstaaten nicht geltend gemacht hätten, nach dem Kriege die riesigsten Finanzopfer zu bringen. Es ging mit einer Schuld des Reiches von ungefähr 156,5 Milliarden Papiermark[1]) aus dem Kriege hervor, belastet — wie alle Kriegführenden — mit Pensionsansprüchen der Armee und Marine und mit Demobilisierungsausgaben; all dies inmitten einer Verfassungsumwälzung und heftigster sozialer Unruhen. Verkürzt um Millionen leistungsfähigster Steuerzahler, mußte Deutschland die Steuerlasten für die verbliebenen Steuerzahler fortwährend steigern. Eine ergiebige Kreditbeschaffung, die ohne Zwang bei dem deutschen Sparkapital zur Erlangung von Mitteln etwa versucht worden wäre, ist in der Krise in der ersten Nachkriegszeit jedenfalls der Regierung nicht gelungen, als es die wichtigste finanzielle Aufgabe wohl gewesen wäre, die schwebende Schuld zu konsolidieren. Seit der Revolution nahm die schwebende Schuld und die Inanspruchnahme der Reichsbank und damit die Inflation immer mehr zu. Die Aufwendungen für die ersten Lieferungen aus dem Waffenstillstandsabkommen und Friedensvertrag wurden mit Banknotenkredit gedeckt. Die unsichtbaren Aktiva der deutschen Zahlungsbilanz, die Bezüge aus auswärtigen Kapitalanlagen und aus der

---

[1]) Dies ist der Stand der Reichsschuld vom 31. März 1919 nach Stat. Jahrb. f. d. Deutsche Reich 1921/22, S. 367. Andere Ziffern durch Weglassung der Reichskassenscheine, S. 371.

Handelsschiffahrt waren großenteils weggenommen, dafür riesige Entschädigungen an geschädigte Deutsche zu zahlen. Eine Erholung der Zahlungsbilanz durch Steigerung der Warenausfuhr war aus verschiedenen Gründen nicht erreichbar: es mangelte Deutschland an den Rohstoffen, es mangelte an Lebensmitteln nach der jahrelangen Kriegsblockade, die Arbeiter waren unterernährt und nicht voll leistungsfähig, sowie in fortwährender politischer und sozialer Unruhe. Die Möglichkeit, Devisenguthaben zur Zahlung für Reparation durch gesteigerte Warenausfuhr zu erwerben, war auch und ist bis heute beeinträchtigt durch Erschwerungsmaßnahmen für deutsche Waren in den vormals feindlichen Ländern, insbesondere durch Versagung der Meistbegünstigung; nicht minder durch die Kohlennot, welche bei den zudiktierten Kohlenlieferungen und vollends nach dem Verluste des Saargebietes und dann auch eines Teiles von Oberschlesien in Deutschland chronisch wurde. Es mangelte am täglichen Brot für die Menschen und am Brot der Industrie, der Kohle. Nicht nur durch Einfuhrerschwerungen für deutsche Waren, sondern vor allem auch durch das System der erzwungenen Sachlieferungen wurde es unmöglich gemacht, daß die deutsche Zahlungsbilanz gesundete und damit der Markwert sich hob: statt daß Deutschland seine Produkte am vorteilhaftesten Markt verkaufen kann und dann aus dem Devisenerlös Reparationszahlungen leistet, ist es gezwungen gewesen, nach Gutdünken der Alliierten Sachlieferungen zu betätigen, über deren Bewertung dann Verschiedenheit der Meinung obwalten kann. Bei der Kohle kamen diese Mißstände bereits im Juli 1920 zur Erörterung, als sich die Alliierten in Spa berieten und auch deutsche Vertreter dann zuzuziehen sich entschlossen [1]).

In Spa haben sich zunächst im Juli 1920 die Alliierten geeinigt, daß von den deutschen Wiedergutmachungsleistungen an Frankreich 52, an das britische Reich 22, an Italien 10, an Belgien 8, an Japan und Portugal je $^3/_4$ %, die restlichen $6^1/_2$ % an die Balkanstaaten und andere Gebiete verteilt werden sollen. Im übrigen wurden ausdrücklich die Rechte der Länder anerkannt, von denen Belgien Darlehen empfangen hat, und Bestimmungen getroffen über die Rückzahlung dieser Beträge, denen jedoch der von allen Verbündeten anerkannte Priori-

---

[1]) Vgl. über das Spaabkommen vom 16. Juli 1920 J. M. Keynes, Revision des Friedensvertrages, S. 208 ff., sowie Reparation Commission I. Statement of Germany's obligations, London 1922, S. 31.

tätsanspruch Belgiens auf 2 Milliarden Goldmark aus den deutschen Reparationszahlungen vorgeht. Mit Bezug auf die Kohlenlieferungen Deutschlands wurde folgendes beschlossen:

1. Deutschland muß vom 1. August 1920 ab, sechs Monate hindurch, monatlich 2 Millionen Tonnen Kohlen an die Alliierten liefern. Diese Kohle wird auf Wiedergutmachungskonto zum deutschen Inlandspreis, gemäß § 6a, Anlage V, Teil VIII des Friedensvertrages, angerechnet.

2. Es wird von den Empfängern bar eine Prämie von 5 Goldmark pro Tonne Kohle an Deutschland geleistet. Deutschland muß diese Prämie zum Erwerb von Nahrungsmitteln für die deutschen Bergarbeiter verwenden.

3. Die Alliierten geben vom 1. August 1920 bis 31. Januar 1921, gemäß Artikel 235, 251 des Friedensvertrages, an Deutschland einen Vorschuß in Höhe des Unterschiedes zwischen dem deutschen Inlandskohlenpreis und dem Ausfuhrpreis der deutschen Kohle, frei deutsche Häfen, bzw. dem englischen Ausfuhrpreis, frei englische Häfen; hierbei kommt jeweils der geringere der beiden letztgenannten Preise in Betracht.

Wird am 15. November 1920 festgestellt, daß für August bis Oktober nicht 6 Millionen Tonnen Kohlen insgesamt geliefert sind, so können neue deutsche Gebiete besetzt werden. Eine ständige Delegation der Reparationskommission, aus der sich dann das Garantiekomitee entwickeln sollte, wird in Berlin errichtet.

Ehe die Entwicklung[1]) bis zum Zahlungsplan vom Mai 1921, dessen Annahme durch Ultimatum Deutschland abgezwungen wurde, dargestellt wird, sind zwei Vorbemerkungen zu machen. Das Vorgehen der Alliierten und das Verhalten der deutschen Regierung mußte bestimmt werden: erstens durch Erwägungen über Deutschlands Fähigkeit, Reparationsleistungen zu erfüllen, zweitens durch Erwägungen, ob für in der Zukunft in Aussicht stehende Leistungen Deutschlands in irgendeiner Weise in der Gegenwart am Geldmarkt Kapital beschafft werden könne. Waren die Annahmen hinsichtlich Deutschlands Leistungsfähigkeit richtig, so kam es vom Standpunkte der Alliierten darauf an, den guten Willen zur Erfüllung von Deutschland garan-

[1]) Vgl. hiefür und für das folgende die Weißbücher, Reichstagsdrucksachen 1920/22, Nr. 4140, 4484, auch 1640.

tiert zu bekommen, eventuell zu erzwingen. In jedem Fall handelte es sich um ein ungeheuer schwieriges und kompliziertes Finanzproblem und um Aufgaben, deren Lösung nur denkbar war, wenn ein übereinstimmender Wille der Alliierten ein reiflich durchdachtes, vernünftiges Programm konsequent als Endziel vertrat. Tatsächlich jedoch begegnet in dieser Zeit bei den Siegerstaaten eine Reihe von Irrtümern über Deutschlands Leistungsfähigkeit und das Gegenteil von einem staatsmännischen, fest auf ein reichlich durchdachtes finanzielles Ziel gerichteten Willen. Es ist eine Zeit, in der Deutschland mit Gewaltdrohungen und Gewalttätigkeiten überhäuft wird, die ihrerseits wieder nicht so viel an Finanzleistungen herausbringen können, als die Alliierten wünschen, während sich das Ansehen der deutschen Regierung, die zu erfüllen hat, infolge der Mißerfolge nach außen mindert und zugleich die Finanzlage, die Valuta und die Wirtschaftslage Deutschlands sich immer ungünstiger gestalten.

Vom 24. September bis 8. Oktober 1920 war in Brüssel eine internationale Finanzkonferenz abgehalten worden, an der sich auf Veranlassung des Völkerbundes auch Deutschland und Österreich beteiligten. Dieser Konferenz war von den beteiligten Regierungen eine Fülle von Material über die finanzielle Lage der einzelnen Staaten unterbreitet worden. Das Bureau des Völkerbundes hatte es unternommen, dies Material zu bearbeiten, — leider ehe es in einem Nachtragsheft durch später erfolgende Ergänzungen berichtigt war. Man hatte versucht, Prokopfberechnungen der Steuerbelastungen in vergleichbarer Form für die verschiedenen Länder zusammenzustellen, und diesen Ziffern Schätzungen des Volkseinkommens gegenübergestellt. Ich habe mich bemüht, in einem Aufsatz [1]) nachzuweisen, daß sich hier die größten Fehlschlüsse finden.

Leider ist der damalige Reichsminister Dr. Simons von seinen finanztechnischen Beratern nicht gewarnt worden, mit Ziffern des

[1]) In Schmollers Jahrbuch 1920, S. 1203, 1206, 1210, habe ich nachgewiesen, daß für 1920 die Steuerlast pro Kopf für Deutschland unter Berücksichtigung der Reichs- und Ländersteuern auf 558,53, bzw. ohne Abzug der Überweisungen die Reichssteuerlast allein auf 633,67 Papiermark statt der vom Völkerbund errechneten 474,9 Mk. und daß die Steuerlast in Frankreich auf 427,53 statt der vom Völkerbund errechneten 416,6 Frs. pro Kopf anzunehmen sei, ferner daß mit den Einkommenschätzungen des Völkerbundes nichts anzufangen sei (vgl. ebenda S. 1212 ff.).

Völkerbundes zu argumentieren, als er in London vor Lloyd George und Briand nachzuweisen sich bemühte, daß in Deutschland nach Abzug der Steuerbelastung nur ein Einkommen pro Kopf von 330 Goldmark verbleibe, während man in den „Bemerkungen zur Denkschrift der Sachverständigen der Alliierten" deutscherseits das Gesamteinkommen der Deutschen pro Kopf, ohne Steuerabzug, damals auf nur 233 1/3 Goldmark geschätzt hatte [1]).

Ausgangspunkt der Verhandlungen der Alliierten unter sich und mit Deutschland über die Reparationsfragen vom Winter 1920 bis zum Mai 1921 waren folgende Bestimmungen des Versailler Friedensvertrages:

Nach Artikel 233 hatte der Wiedergutmachungsausschuß bis spätestens 1. Mai 1921 über den Betrag der von Deutschland zu ersetzenden Schäden Beschluß zu fassen und der deutschen Regierung zu diesem Termin den Gesamtbetrag ihrer Verpflichtungen bekanntzugeben. Zu gleicher Zeit sollte der Ausschuß einen Zahlungsplan aufstellen, „der die Fälligkeitszeiten und die Art und Weise vorschreibt, wie Deutschland vom 1. Mai 1921 ab seine gesamte Schuld in einem Zeitraum von 30 Jahren zu tilgen hat". Im Artikel 235 und § 12c der Anlage II, Teil VIII, war zunächst eine Abschlagszahlung von 20 Milliarden Goldmark vorgesehen, dann für später fällig noch zwei Zahlungen in Schuldverschreibungen im Betrage von je 40 Milliarden Goldmark. § 12b der Anlage II, Teil VIII bestimmte: „In regelmäßiger Wiederkehr schätzt der Ausschuß die Zahlungsfähigkeit Deutschlands ab und prüft das deutsche Steuersystem und zwar: 1. damit alle Einkünfte Deutschlands, einschließlich der für den Zinsendienst und die Tilgung aller inneren Anleihen bestimmten, vorzugsweise zur Abtragung der Wiedergutmachungsschuld verwendet werden; 2. um die Gewißheit zu erlangen, daß das deutsche Steuersystem im allgemeinen im Verhältnis vollkommen ebenso schwer ist, als dasjenige irgendeiner der im Ausschuß vertretenen Mächte."

Die letzte Bestimmung hat wegen der enormen Schwierigkeit, bei verschiedenem Grade der Währungsverschlechterung den Steuerdruck in Deutschland und den alliierten Staaten exakt zu vergleichen, die Be-

[1]) Vgl. S. 175, 69 des deutschen Weißbuchs vom 11. März 1921 (Reichstagsdrucksache Nr. 1640).

deutung, einen Streitpunkt zu schaffen, bei dem es fortwährend unlösbare Differenzen gibt.

Die Prüfung aber des deutschen Budgets und der deutschen Belastungen mit Steuern im einzelnen war von Sachverständigen der Alliierten im Winter 1920/21 vorgenommen worden und darüber nach einer Konferenz in Brüssel am 2. Februar 1921 in folgendem Sinne berichtet worden[1]: Es seien Mehrerträge vom deutschen Steuersystem zu erwarten und Einschränkungen der Ausgaben Deutschlands möglich; dann könne möglicherweise in sehr naher Zukunft mit einer Balancierung des ordentlichen Budgets gerechnet werden, aus dem alle Ausgaben auszuschließen wären, welche einen zufälligen Charakter hätten. „Man kann sogar, wenn nicht für das erste, so doch wenigstens für die folgenden Rechnungsjahre, mit einem Überschuß an Einnahmen rechnen."

Die außerordentlichen und einmaligen Ausgaben müßten baldigst verschwinden. Im Budget für Ausführung des Friedensvertrages sei, unter Mitwirkung der alliierten Länder, eine Ermäßigung des Gesamtbetrages der von Deutschland für die Besatzungsarmeen, die interalliierten Kommissionen usw. zu zahlenden Beträge anzustreben; ebenso sei aber auch eine Einschränkung der von Deutschland an die durch den Friedensvertrag verletzten deutschen Staatsangehörigen geschuldeten Entschädigungen durch Deutschland selbst zu bewirken. Das Budget zur Ausführung des Friedensvertrages könne dann gedeckt werden: 1. mit Hilfe des Überschusses des ordentlichen Budgets, 2. vor allem durch erhöhte Besteuerung alkoholischer Getränke und vermehrte Zollabgaben.

Diese optimistische Schätzung der deutschen Finanzlage, die in der Folge durch die tatsächliche Entwicklung durchaus nicht bestätigt wurde, lieferte die Grundlage für ein Zahlungsprogramm der deutschen Reparationen, welches seit Winter 1920/21 von den Alliierten in mehreren Variationen aufgestellt wurde. Nachdem sich im Jahre 1920 in San Remo, dann in Hythe, Boulogne, Brüssel, Spa[2]) die Premierminister der alliierten Länder ohne wesentlich befriedigendes Resultat über die

---

[1]) Vgl. deutsches Weißbuch vom 11. März 1921 der Reichstagsdrucksache, Nr. 1640, S. 88 ff., S. 122 ff. Vgl. für die Schlußfolgerungen Nr. 1640, S. 101—103.

[2]) Keynes, Revision des Friedensvertrages, S. 16 ff.

Reparationsfrage besprochen hatten (im Juni 1920 soll erörtert worden sein, daß Deutschland 35 Jahre lang mindestens je 3 Milliarden Goldmark zahlen müsse), wurde in einer Brüsseler Zusammenkunft vom 16. bis 22. Dezember 1920, unter Zuziehung deutscher Vertreter, zunächst über ein Provisorium für die nächste fünf Jahre, von 1921 bis 1926, verhandelt, aber ohne daß etwa für die Zukunft Bestimmendes dabei herauskam [1]).

Nun tagten vom 24. bis 29. Januar 1921 die Alliierten unter sich in Paris und faßten bestimmte Beschlüsse hinsichtlich der deutschen Entwaffnung wie auch hinsichtlich der Reparationen. Diese Beschlüsse wurden mit Begleitnote des Ministerpräsidenten Briand vom 29. Januar 1921 der deutschen Regierung übermittelt [2]).

Die finanziellen Beschlüsse sollten Deutschland verpflichten, vom 1. Mai 1921 ab 42 Jahre lang feste Annuitäten und außerdem bewegliche Annuitäten zu zahlen. Daneben sollten aber die Rücklieferungen nach Artikel 328 und andere Verpflichtungen aus dem Friedensvertrage fortbestehen. Die festen Annuitäten sollten 1921 und 1922 je 2 Milliarden Goldmark betragen und dann allmählich ansteigen, um vom 1. Mai 1932 bis zum 1. Mai 1936 jährlich 6 Milliarden Goldmark auszumachen. Eine einzige Jahreszahlung der letzten Periode würde dann das Anderthalbfache der gesamten nach 1871 von Frankreich an Deutschland bezahlten Kriegsentschädigung von 5 Milliarden Fr. oder 4 Milliarden Goldmark ausgemacht haben. Die Gesamtsumme der in festen Annuitäten zu zahlenden Summe würde, ohne Rücksicht auf die Zeitdifferenzen, 226 Milliarden Goldmark betragen haben. Die beweglichen hinzutretenden Annuitäten sollten die Alliierten an einer Besserung der wirtschaftlichen Lage Deutschlands beteiligen, und zwar durch Inanspruchnahme von jährlich 12% des Goldwertes seiner Warenausfuhr. Deutschland wurde zu einer Konferenz nach London zur Besprechung dieser Pariser Vorschläge eingeladen. Gegenüber dem Wortlaut des Friedensvertrages war nach Ansicht der Alliierten hierin eine Milderung zugunsten Deutschlands zu erblicken, indem die Frist für die Reparationszahlungen von 30 auf 42 Jahre verlängert wäre. Auch war man bereit, über einen anderen Maßstab für die Bemessung der beweglichen Annuitäten, als den vorgeschlagenen, zu diskutieren.

---

[1]) Vgl. Keynes, a. a. O., S. 21.

[2]) Vgl. Weißbuch Drucks. 1640, S. 6 ff.; insbesondere S. 18 ff.

Im übrigen sollte Deutschland auf auswärtige Anleihen ohne Zustimmung der Reparationskommission für die nächsten Jahrzehnte verzichten und ein besonderes Pfand in Form der deutschen See- und Landzölle, sowie aller sonstigen Einfuhr- und Ausfuhrabgaben bestellen. Für den Fall der Nichterfüllung der geforderten Zahlungen waren sehr energische Maßnahmen in Aussicht gestellt.

Die von der deutschen Regierung zur Prüfung dieser Vorschläge einberufene Sachverständigenkonferenz erstattete eingehende wirtschaftliche und finanzielle Gutachten; letzteres Gutachten setzt sich auch eingehend mit dem der alliierten Sachverständigen über die deutsche Finanzlage auseinander. Auf Grund dieser Prüfung der Sachlage lehnte der deutsche Außenminister Dr. Simons auf der Londoner, am 1. März 1921 eröffneten Konferenz die Pariser Beschlüsse ab und entwickelte einen Gegenvorschlag. Dieser wurde wiederum von den Alliierten abgelehnt, und zwar in den schroffsten Formen; ebenso wenig drang ein darauf von dem deutschen Minister Dr. Simons vorgebrachter Vorschlag, auf den Gedanken einer provisorischen Regelung für fünf Jahre zurückzukommen, durch. Liest man die Verhandlungen der Konferenz, so scheint es, daß man sich gegenseitig bei Auseinandersetzung über diese sehr komplizierten Dinge mehr mißverstanden hat, als vielleicht unbedingt nötig gewesen wäre. Jedenfalls endete die Konferenz damit, daß die Alliierten Deutschlands Verhalten als unbefriedigend erklärten und sogenannte Sanktionen, gegen deren Zulässigkeit Minister Simons sofort Protest erhob [1]), in Aussicht stellten; die angedrohten Maßnahmen wurden bald verwirklicht.

1. Die Städte Duisburg, Ruhrort, Düsseldorf auf dem rechten Rheinufer wurden besetzt. 2. Es wurde angekündigt, daß alliierte Regierungen einen gewissen Anteil von allen Deutschland für deutsche Waren geschuldeten Zahlungen für Reparationsrechnung einbehalten würden. Ein Teil des Kaufpreises werde für die Staatskasse des alliierten Landes erhoben, der Rest werde mit einer Quittung der Staatskasse über den einbezahlten Betrag an Deutschland übersandt. (Es bedeutet dies, daß dann die deutsche Reichskasse dem geschädigten deutschen Exporteur für den Kaufpreisabzug aufkommen muß.) 3. Im besetzten Gebiet sollen die Einnahmen der Zollämter an den äußeren Grenzen

---

1) Vgl. über die Rechtslage auch Keynes, Revision des Friedensvertrages, S. 32—34, 56 ff.

für die Reparation beschlagnahmt werden; zunächst waren auch Zölle für den Verkehr zwischen dem unbesetzten und dem besetzten deutschen Gebiet in Aussicht genommen. England ging selbständig mit Erhebung einer Abgabe von eingeführten deutschen Waren für Reparationszahlungen vor [1]).

Inzwischen unterbreitete am 24. April 1921 Deutschland neue Gegenvorschläge durch die Regierung der Vereinigten Staaten von Amerika an die Alliierten, wonach man sich bereit erklärte, eine Gesamtlast von 50 Milliarden Goldmark Gegenwartswert anzuerkennen und eine internationale Anleihe hiefür zugunsten der Alliierten zu verzinsen und zu amortisieren [2]). Dies Angebot hat keine praktische Bedeutung gewonnen. Der 1. Mai 1921 war herangenaht. Darüber, ob Deutschland bis dahin die im Versailler Frieden vorgesehenen ersten 20 Milliarden Goldmark vollständig aufgebracht hat, besteht keine Einigkeit. Der Gesamtwert der von Deutschland bis 30. April 1921 bewirkten Leistungen wird von dem deutschen Staatssekretär Dr. F. Schröder in der am 28. September 1922 herausgekommenen achten Nummer der Serie „Reconstruction in Europe" des „Manchester Guardian Commercial" folgendermaßen geschätzt:

1. Leistungen aus vorhandenen Beständen und Abtretung von Eigentum:

| | Goldmark |
|---|---|
| 1. Reichs- und Staatseigentum im In- und Ausland, ausschließlich Oberschlesien, Elsaß-Lothringen, Eupen-Malmedy und deutsche Kolonien (anscheinend unter Einrechnung der anteiligen öffentlichen Schulden) | 4 710 000 000 |
| 2. Saargruben (anscheinend unter Miteinrechnung der Nebenleistungen der Saarbergverwaltung) | 1 100 000 000 |
| 3. Privatkabel | 85 500 000 |
| 4. Rücklaßgüter in den von den deutschen Truppen geräumten Gebieten (ausschließlich des militärischen Rücklasses) | 3 000 000 000 |
| Übertrag: | 8 895 500 000 |

[1]) Die German Reparation Recovery Act vom März 1921 ist wiedergegeben in der Volkswirtsch. Chronik der Jahrbücher für Nationalökonomie und Statistik, Märzheft 1921, S. 132 ff.

[2]) Keynes, ebenda S. 220. Deutschland erklärte sich eventuell auch bereit, statt der 50 Milliarden sofortiger Zahlung 200 Milliarden Goldmark in Annuitäten zu leisten.

| | Goldmark |
|---|---|
| Übertrag: | 8 895 500 000 |
| 5. Waffenstillstands-Eisenbahnmaterial, einschließlich Fahrzeugersatzteile und Lastkraftwagen, Eisenbahn- und Schiffbrücken, Eisenbahnfahrzeugpark in den Abtretungsgebieten (hierin sind in den Abtretungsgebieten zurückgelassene 1300 Lokomotiven, 1800 Personenwagen, 463 Gepäckwagen, 2000 Güterwagen und andere Wagen enthalten) | 1 626 000 000 |
| 6. Handelsflotte (über 1000 Fahrzeuge mit einem Bruttoraumgehalt von 4,6 Millionen Tonnen, sowie Amerika- und Embargo-Schiffe) | 7 310 300 000 |
| 7. Binnenschiffe | 78 000 000 |
| 8. Aktien der Marokkanischen Staatsbank | 650 000 |
| Summe I, 1—8 | 17 910 450 000 |
| Ferner wird noch aufgeführt: | |
| 9. Liquidiertes deutsches Eigentum im Ausland | 11 700 000 000 |
| 10. Abtretung der Ansprüche Deutschlands an seine ehemaligen Kriegsverbündeten | 7 000 000 000 |
| Gesamtsumme I, 1—10 demnach | 36 610 450 000 |
| II. Leistungen aus laufender Produktion: | |
| 11. Kohlen, Koks und Nebenprodukte (ohne Berücksichtigung der Fobpreise [Lieferung von über 22 Millionen t Kohlen usw.]) | 475 000 000 |
| 12. Farbstoffe und chemisch-pharmazeutische Erzeugnisse (Inlandpreise [Lieferung von weit über 14 000 t]) | 44 000 000 |
| 13. Vieh (annähernd 400 000 Stück, darunter etwa 135 000 Rinder und etwa 50 000 Pferde) | 104 000 000 |
| 14. Wiederaufbaulieferungen (etwa 130 000 Stück landwirtschaftliche und andere Maschinen, Materialien [Inlandspreise]) | 30 000 000 |
| Summe II, 11—14 | 653 000 000 |
| III. Barzahlungen: | |
| 15. Für die Überlassung des Schrotts aus zerstörtem Kriegsmaterial | 26 000 000 |
| 16. Verschiedenes (Einnahmen aus der rheinischen Zollzone usw.) | 10 000 000 |
| Summe III, 15—16 | 36 000 000 |
| hierzu Summe II | 653 000 000 |
| hierzu Summe I, 1—8 | 17 910 450 000 |
| Gesamtsumme für Reparationskonto nach deutscher Auffassung anzurechnen | 18 599 450 000 |
| Weitere Aufwendung aus I, 9—10 | 18 700 000 000 |
| Opfer Deutschlands aus dem Versailler Frieden einschließlich Ausgleichslasten bis 30. April 1921 | 37 299 450 000 |

Die Gutschriften der Reparationskommission blieben jedoch weit hinter dem Betrage von 18 599 450 000 Goldmark zurück. Beispielsweise ist für die von Deutschland ausgelieferten Überseehandelsschiffe bloß eine Gutschrift von 749 458 000 Goldmark, wovon aber noch etwa 88½ Millionen abzuziehen sein würden, zugestanden worden [1]). Für die Saarkohlengruben betrug vorläufig die französische Schätzung nur 300 bis 400 Millionen Goldmark. Kommt es später nach der Volksabstimmung zu einer Rückgabe des Saargebietes an Deutschland, so bestimmt sich je nach der Bewertung des Kohlengrubenbesitzes der Rückkaufspreis, den Deutschland den Franzosen zahlen müßte. Nach einer von Keynes[2]) mitgeteilten Aufstellung des britischen Schatzamtes vom August 1921 sollen die deutschen Leistungen bis 30. April 1921 von alliierter Seite auf 1 780 688 000 Goldmark in Barzahlungen, Schiffen, Kohlen, Farbstoffen und anderen Lieferungen, auf 2 754 104 000 Goldmark in unbeweglichem Eigentum und anderen Übertragungen, also die gesamten Leistungen auf 4 534 792 000 Goldmark geschätzt worden sein. Im Gegensatz dazu teilt Pierre Guébhard in der Revue économique internationale vom 25. November 1922 (S. 409) folgende Tabelle aus einer Broschüre der Reparationskommission mit:

**Deutschlands Lieferungen und Zahlungen zwischen 11. November und 30. April 1921 nach Berechnung vom 30. April 1922:**

| | | Goldmark |
|---|---|---|
| A. Barleistungen für deutsche Rechnung: | | |
| Zahlungen Frankreichs | | |
| a) für deutsche Marokkobank-Aktien . . . . . . . | 643 000 | |
| b) telephonische Rechnung vor August 1914 . . . | 10 000 | |
| Zahlungen Dänemarks | | |
| a) für Gütererwerb in Schleswig . . . . . . . . | 63 000 000 | |
| b) für übernommenen Anteil an deutschen Reichs- und Landesschulden . . . . . . . . . . . . . | 2 000 000 | |
| Geld aus den bei Scapa Flow versenkten Kriegsschiffen | 4 000 | |
| Einnahmen aus Kriegsgerät | | |
| a) erlöst zwischen 11. Nov. 1918 und 30. April 1921 | 17 595 000 | |
| b) erlöst zwischen 1. Mai 1921 und 31. Januar 1922 | 25 545 000 | |
| Einnahmen aus rheinländischen Zöllen . . . . . . | 3 324 000 | |
| Summe der Barleistungen | 112 121 000 | 112 121 000 |

[1]) Diese Angabe findet sich in dem zitierten Aufsatz von Staatssekretär Dr. Schroeder in der Beilage zum Manchester Guardian Commercial. In der englischen Broschüre der Reparation Commission, London 1922, I S. 8, 12, ist der Wert der bis 30. April 1921 anzurechnenden deutschen Schiffe mit vorläufig 659867000 Goldmark, wovon 390701000 noch nicht verteilt seien, Deutschland gutgeschrieben, der der Saargruben auf 400 Millionen Goldmark, wovon Frankreich 300 Millionen belastet sind, berechnet.

[2]) Vgl. J. M. Keynes, Revision des Friedensvertrages, S. 134.

| | Goldmark | |
|---|---|---|
| Übertrag: Summe der Barleistungen | 112 121 000 | 112 121 000 |
| B. Sachleistungen: | | |
| Schiffe | 659 867 000 | |
| Docks von Rotterdam | 325 000 | |
| Viehlieferungen | 90 899 000 | |
| Verschiedene Lieferungen | 8 430 000 | |
| Wiederaufbaumaterialien | 1 068 000 | |
| Steinkohle, Koks, Braunkohle | | |
| a) von den Alliierten übernommen | 423 360 000 | |
| b) an Luxemburg geliefert | 17 525 000 | |
| Kohlennebenprodukte | | |
| a) Benzol | 2 606 000 | |
| b) Ammoniaksulfat | 5 408 000 | |
| Farbstoffe | 38 001 000 | |
| Pharmazeutische Produkte | 3 053 000 | |
| Bibliothek von Löwen | 522 000 | |
| | 1 251 064 000 | 1 251 064 000 |
| C. Waffenstillstandslieferungen | 1 183 226 000 | 1 183 226 000 |
| D. Andere liquide Vermögenswerte (Unterseekabel) | 49 000 000 | 49 000 000 |
| Summe A—D | | 2 595 411 000 |
| Außerdem wird noch als deutsche Leistung anerkannt: | | |
| E. Unbewegliches Vermögen und sonstige Kapitalwerte: | | |
| Saarkohlengruben | 400 000 000 | |
| Deutsche Schule in der französischen Konzession in Shanghai | 2 042 000 | |
| Eigentum in der englischen Konzession in Shameen | 538 000 | |
| Eigentum in Kiautschau | 59 000 000 | |
| Gütererwerb durch: | | |
| a) Tschechoslowakei | 5 640 000 | |
| b) | — | |
| c) Freie Stadt Danzig | 300 000 000 | |
| d) Polen: | | |
| 1. Abgetretenes Gebiet | 1 712 025 000 | |
| 2. Abstimmungszone | — | |
| Anteilig übernommene deutsche Länderschulden entfallen auf: | | |
| a) Belgien für Moresnet, Eupen, Malmédy | 635 000 | |
| b) Tschechoslowakei für Schlesien | 391 000 | |
| c) | — | |
| d) Freie Stadt Danzig | 5 514 000 | |
| e) Polen für Posen usw.: | | |
| 1. Abgetretenes Gebiet | 18 557 000 | |
| 2. Abstimmungsgebiet | — | |
| Summe E | 2 504 342 000 | 2 504 342 000 |
| A—E Summe aller deutschen Leistungen vom 11. Nov. 1918 bis 30. April 1921 nach Berechnung der Reparationskommission nach Angaben von Guébhard | | 5 099 753 000 |

Hierzu wird bemerkt, daß die Summe zu E im Betrage von 2 504 342 000 Goldmark zur Minderung der Kapitalschuld Deutschlands verrechnet, nicht jedoch zur Zahlung der Besatzungskosten, entsprechend der von der Reparationskommission für Friedensvertrag Artikel 235 festgesetzten Auslegung verwendet werden dürfe.

Die Besatzungskosten werden unter Abzug der Goldmarkwerte der von Deutschland bezahlten Papiermarkbeträge zum 1. Mai 1921 berechnet auf:

| | | |
|---|---|---|
| 901 450 000 | Goldmark für | Großbritannien, |
| 1 042 749 000 | „ „ | Frankreich, |
| 10 052 000 | „ „ | Italien, |
| 177 644 000 | „ „ | Belgien, |
| 1 010 614 000 | „ „ | Vereinigte Staaten. |
| 3 142 509 000 | Goldmark insgesamt | Besatzungskosten bis Ende April 1921. |

Hierzu werden die gemäß dem Spaabkommen vom Juli 1920 Deutschland auf Kohlenlieferungen gewährten Vorschüsse von 392 Millionen Goldmark hinzugeschlagen, so daß insgesamt rund 3535 Millionen Goldmark vor allen Reparationen Deutschland zur Last geschrieben werden und gegenüber den anrechenbaren Leistungen Deutschlands von 2595 Millionen Goldmark ein Fehlbetrag von rund 940 Millionen Goldmark für Deutschlands Leistungen errechnet wurde.

Die französische Broschüre, aus welcher Guébhard schöpft, war mir nicht zugänglich, wohl aber die offizielle englische Veröffentlichung: „Reparation Commission. I. Statement of Germany's obligations under the heading of reparations, etc., at April 30 th, 1922. Extracts from the Accounting Records of the Reparation Commission", London 1922. Es ist sehr bedauerlich, daß das deutsche Publikum bloß die deutschen amtlichen Schätzungen unserer Leistungen und gelegentlich etwas vom Notenwechsel mit der Reparationskommission erfährt, und daß nicht durch die Reparationskommission oder durch die deutsche Regierung Übersetzungen der Rechenschaftsberichte der Reparationskommission bekanntgegeben werden, aus welchen die Grundsätze der Anrechnung deutscher Leistungen und die angerechneten Beträge erkennbar sind. In dem englischen Text wird zunächst mitgeteilt, daß für die Bewertung der deutschen Lieferungen an Schiffen, Vieh, Kohle, zurückgelassenem Kriegsmaterial und der deutschen Waffenstillstandslieferungen, der Saargruben und des Staatseigentums in abgetretenen

Gebieten die Ziffern nur provisorisch seien, ferner daß auch nach dem 1. Mai 1921 erfolgte Lieferungen, die auf Rechnung der Periode bis 30. April 1921 gehen, mitgerechnet seien. Des weiteren wird bemerkt, daß nach der Auslegung des Artikels 235 des Friedensvertrages durch die Reparationskommission nicht alle Leistungen Deutschlands vor dem 30. April 1921 für Deckung der Besatzungskosten usw. zu verbuchen seien, sondern nur diejenigen von „liquidem Charakter", während der Wert abgetretenen Staatseigentums auf Deutschlands Kapitalschuld gutzuschreiben sei. So wird erklärt, daß sich für Deutschland ein Fehlbetrag in Deckung der alliierten Besetzungskosten bis 30. April 1921 ergibt, obwohl Deutschlands Gesamtleistungen als höher wie die Summe der Besatzungskosten anerkannt sind. Zunächst wird in der englischen Broschüre (S. 8, 9) Deutschlands Gesamtleistung bis 30. April 1921, wie bei Guébhard, auf 5 099 753 000 Goldmark bewertet.

Nachher auf Seite 11 ff. sind die Leistungen Deutschlands bis 30. April 1921, unter Zurechnung später bis Ende April 1922 auf dieses Konto eingegangener Werte, nach der Berechnung der Reparationskommission, unter Nachweis der auf die einzelnen Vertragsländer verteilten und der unverteilten Beträge mit Scheidung der Gruppen A—D als liquider Werte und der Gruppe E als nichtausschüttbarer illiquider Wertmasse folgendermaßen angegeben:

| | | Goldmark |
|---|---|---|
| A. Barzahlungen: | | |
| 1. Französische Zahlungen für: | | |
| a) Deutschlands Anteil an der Marokkobank . . | 643 000 | |
| b) Telephonrechnung vor August 1914 . . . . . | 10 000 | |
| 2. Dänische Zahlung für: | | |
| a) in Schleswig erworbenes Eigentum . . . . . | 63 000 000 | |
| b) Anteil an Reichs- und Landesschulden . . . . | 2 000 000 | |
| 3. Geld gerettet von den bei Scapa Flow versenkten deutschen Schiffen . . . . . . . . . . . . | 4 000 | |
| 4. Verkäufe von umgewandeltem Kriegsmaterial . . | 43 140 000 | |
| 5. Zahlungen für Sachlieferungen: | | |
| a) Luxemburgs Kohlenbezug . . . . . . . . . | 17 520 000 | |
| b) Verschiedene Farbstoffverkäufe. . . . . . . . | 5 525 000 | |
| 6. Vereinnahmte Zölle im Rheinland. . . . . . . | 3 324 000 | |
| 7. Zinsen aus Kapitalanlagen. . . . . . . . . . | 3 102 000 | |
| 8. . . . . . . . | | |
| 9. Vorschuß aus dem Zahlungsplan . . . . . . . | 640 000 000 | |
| Summa A: Barzahlungen | | 778 268 000 |
| Übertrag: | 778 268 000 | 778 268 000 |

| | | Goldmark |
|---|---|---|
| Übertrag: Summa A: Barzahlungen | 778 268 000 | 778 268 000 |
| B. Sachlieferungen usw. | | |
| 1. Schiffe | 659 867 000 | |
| 2. Rotterdamer Docks | 325 000 | |
| 3. Vieh § 2a Anlage IV | 7 535 000 | |
| „ § 6 „ IV | 83 364 000 | |
| 4. Verschiedenes § 2a Anlage IV | 8 430 000 | |
| 5. Wiederaufbaumaterial § 2b Anlage IV | 1 068 000 | |
| 6. Kohlen usw. | | |
| a) Von den Alliierten abgenommen | 423 360 000 | |
| b) An Luxemburg geliefert[1] | 5 000 | |
| 7. Kohlennebenprodukte: | | |
| Benzol | 2 606 000 | |
| Ammoniaksulfat | 5 408 000 | |
| 8. Farbstoffe | 32 476 000 | |
| 9. Pharmazeutische Erzeugnisse | 3 053 000 | |
| 10. Löwener Bibliothek | 522 000 | |
| Summa B: Sachlieferungen | | 1 228 019 000 |
| C. Waffenstillstandslieferungen | | 1 183 226 000 |
| D. Andere liquide Aktiva: | | |
| Unterseekabel | | 49 000 000 |
| A—D. Gesamtwert der liquiden Werte | | 3 238 513 000 |
| Hiervon seien noch unverteilt: 499 559 000 Goldmark. | | |
| E. Der Wert der Abtretungen auf Kapitalkonto | | 2 504 342 000 |
| Sonach würde sich die Gesamtbewertung von Deutschlands Leistungen auf Rechnung bis 30. April 1921 berechnen auf | | 5 742 855 000 |
| Infolge anderer Berechnungen ist in der englischen Broschüre S. 14 angenommen, daß Deutschland auf die ihm bis 30. April 1921 im Friedensvertrag auferlegte Abschlagszahlung von 20 Milliarden Goldmark in Sachlieferungen abzüglich des abgetretenen Staatseigentums geleistet habe | | 2 596 000 000 |
| Dazu in Leistungen, die gegenüber Artikel 235 des Friedensvertrags in Betracht kommen | | 4 961 000 000 |
| Somit insgesamt | | 7 557 000 000 |

Indem die liquiden Werte der deutschen Leistungen, welche bis 30. April 1921 anrechenbar waren, rund auf 2567 Millionen, dazu hier anrechenbare Einnahmen zwischen 1. Mai 1921 und 30. April 1922 auf 28 Millionen, insgesamt also auf 2595 Millionen Goldmark beziffert werden, kommt der angeführte englische Bericht auf Seite 26 zu dem

[1]) Luxemburgs Kohlenbezüge werden von diesem Staate bezahlt, aber den Erlös erhält nicht Deutschland ausbezahlt, sondern auf seine Jahresleistung an die Alliierten gutgeschrieben.

Ergebnis, daß die von Deutschland bis 30. April 1921 zu leistenden 3535 Millionen Goldmark nicht voll gedeckt seien, sondern daß ein Defizit von 940 Millionen Goldmark zu Lasten Deutschlands bis 30. April 1921 verbleibe. Die deutschen Lasten werden berechnet auf rückzuvergütende Vorschüsse für Kohlen nach dem Spaabkommen von 1920 mit 392 Millionen, Nettokosten der alliierten Besatzungsarmeen, einschließlich der Vereinigten Staaten, bis 30. April 1921 mit 3143 Millionen, insgesamt 3535 Millionen Goldmark.

Das oben angeführte Beispiel mag genügen, um zu zeigen, welche Verschiedenheit in der Bewertung von Sachleistungen zwischen der deutschen Auffassung und der des Reparationsausschusses sich ergeben können. Würde bei einer Revision des Versailler Friedensvertrages ein Schiedsgericht für Entscheidung von Meinungsverschiedenheiten hinsichtlich der Bewertung von Sachleistungen vereinbart, so wäre ein wesentlicher Fortschritt im Sinne der Zivilisation erzielt.

So lange nicht eine unparteiische Stelle, sondern eine Partei, nämlich die Gläubigerorganisation, im Reparationsausschuß entscheidet, so ist es ohne Einfluß, wie sorgsam auch immer die Sachleistungen von deutscher Seite geschätzt sein mögen. Es bleibt immer die Möglichkeit, daß Deutschlands Sachleistungen nachträglich niedrig bewertet werden und daß dann Deutschland ungenügende Vertragserfüllung vorgeworfen wird. Im vorliegenden Falle entschieden die Alliierten, Deutschland habe die finanziellen und andere Verpflichtungen aus dem Versailler Vertrage bis 30. April 1921 nicht genügend erfüllt. Binnen sechs Tagen verlangte das Londoner Ultimatum vom 5. Mai 1921 von Deutschland die Annahme bestimmter Forderungen, widrigenfalls Besetzung des Ruhrgebiets, sowie sonstige militärische Maßnahmen angedroht wurden [1]). In finanzieller Hinsicht bestimmte das Ultimatum, daß Deutschland nach Artikel 231, 232, 233 des Friedensvertrages, gemäß Berechnung des Wiedergutmachungsausschusses, 132 Milliarden Goldmark zu zahlen habe, ohne Rücksicht auf die Rücklieferungen nach Artikel 238 und andere Vertragsverpflichtungen. Zu diesen 132 Milliarden Goldmark sind noch die Schulden Belgiens an seine Verbündeten hinzuzurechnen, welche von der Reparationskommission vorläufig auf rund 4 Milliarden Goldmark geschätzt wurden. Von der 1921 fest-

---

1) Vgl. deutsches Weißbuch, Reichstagsdrucksache 1921/22, Nr. 4140, S. 9 ff.

gestellten Kapitalschuld von somit 136 Milliarden Goldmark Gegenwartswert wurden die bisher auf Reparationskonto geleisteten Beträge, ferner Summen für Staatseigentum in abgetretenen Gebieten, sowie einige sonstige Leistungen, über die die Reparationskommission noch Entscheidung zu treffen hat, abgeschrieben[1]).

Eine Vorstellung von der Höhe der verlangten Summe mag es geben, wenn man bedenkt, daß nach der Wehrbeitragseinschätzung von 1913 für das damals weit größere Deutschland das beitragspflichtige Vermögen der natürlichen Personen 152 544 Millionen Goldmark, das steuerpflichtige Einkommen 4766 Millionen Goldmark betrug[2]). Rechnet man zum steuerpflichtigen unfundierten Einkommen für 1913 die damals befreiten 5% des versteuerten Vermögens mit 7627 Millionen hinzu, so ergibt sich ein über die Freigrenze hinaus steuerfähiges Einkommen von insgesamt 12 393 Millionen Goldmark.

Seitdem hat Deutschland verloren:

| | | | | | | |
|---|---|---|---|---|---|---|
| Elsaß-Lothringen | mit 3392 | Mill. | Vermögen und | 130 | Mill. | Einkommen. |
| Posen | „ 2397 | „ | „ „ | 69 | „ | „ |
| Westpreußen | „ 1862 | „ | „ „ | 51 | „ | „ |
| Insgesamt Verlust | von 7651 | Mill. | Vermögen und | 250 | Mill. | Einkommen. |

Hierdurch würde sich die Steuerfähigkeit Deutschlands um 7651 Millionen Vermögen auf 144 893 Millionen Goldmark verringern. Zu dem versteuerten Einkommen der verlorenen Provinzen sind noch 5% des dort steuerbaren Vermögens, gleich 383 Millionen Goldmark, hinzuzurechnen, so daß sich das Einkommen im übriggebliebenen Deutschland um insgesamt 633 auf 11 760 Millionen Goldmark mindert.

Noch nicht abgezogen sind hierbei die Verluste, welche sich durch zeitweilige Abtrennung des steuerkräftigen Saargebiets vom übrigen Deutschland, ferner durch Lostrennung eines Teiles von Oberschlesien und von Nordschleswig, sowie durch andere kleinere Gebietsverluste ergeben. Ebenso wenig sind die Verluste durch Wegnahme von deutschen Auslandsguthaben und Kolonialbesitz, die durch den Krieg und die Revolution innerhalb Deutschlands bewirkten Verluste, die Abnützung

[1]) In der englischen Broschüre Reparation Commission I, S.27, ist berechnet, daß die deutsche Kapitalschuld durch Gutschriften sich von insgesamt 136 auf 133,496 Milliarden Goldmark verringert habe.

[2]) Vgl. Vierteljahrshefte z. Stat. d. Deutschen Reiches 1919 II. Ergänzungsheft: Wehrbeitragsstatistik, S. 9 ff.

der Maschinen und der Verbrauch der Warenvorräte und die Minderung der Sparvermögen berücksichtigt, wenn wir die letzte in Goldvaluta über Deutschland sich erstreckende Steuerveranlagung von 1913 zugrundelegen. Es wäre ein sträflicher Optimismus, wollte man heute das deutsche Nationalvermögen etwa nach den Ziffern von 1913 noch auf etwa 144 893 Millionen Goldmark schätzen.

Der Zahlungsplan für die in dem Londoner Ultimatum vorgesehene Riesensumme wird, wie folgt, formuliert: Als Ersatz der in § 12c, Anlage II, Teil VIII des Versailler Vertrages vorgesehenen und zum Teil übergebenen Schuldverschreibungen werden dem Wiedergutmachungsausschuß von Deutschland übergeben:

a) für 12 Milliarden Goldmark Schuldverschreibungen der Serie A, ab 1. Mai 1921 laufend, worauf jährlich 6%, davon 5% für halbjährlich zahlbare Zinsen und der Rest für Tilgung, zu entrichten sind;

b) für 38 Milliarden Schuldverschreibungen der Serie B, ab 1. November 1921 laufend, worauf jährlich ebenfalls 6%, davon 5% für halbjährlich zahlbare Zinsen, der Rest für Tilgung, zu entrichten sind;

c) für 82 Milliarden Schuldverschreibungen der Serie C, ab 1. November 1921, worauf ebenfalls in der bereits geschilderten Art jährlich 6% Gesamtzahlung vorgesehen ist, während einstweilen diese Schuldverschreibungen noch ohne Zinsscheine bleiben und weitere Richtigstellung des Gesamtbetrages noch vorbehalten wird.

Insgesamt würde sich hieraus eine Annuitätenlast von jährlich anfangs 7,92 Milliarden Goldmark, für Serie A und B allein von 3 Milliarden Goldmark ergeben, die sich mit der Tilgung der Schuldscheine durch Auslösung zum Nennwerte mindern würde [1]).

---

[1]) In der englischen Broschüre Reparation Commission I, London 1922, S. 27, ist ausgerechnet, daß Deutschland, nach Gutschrift der auf Kapitalkonto gutzuschreibenden 2504 Millionen Goldmark Wert des Staatseigentums in abgetretenen Gebieten und der eingelieferten 132 Milliarden Bonds A—C, vorläufig noch immer 1496 Millionen Goldmark auf die einschließlich der belgischen Verpflichtungen an die Alliierten 136 Milliarden betragende Gesamtschuld nicht abgedeckt habe, jedoch wird vorbehalten, daß für das Staatseigentum, welches in Oberschlesien, Memel und sonst noch abgetreten und Deutschland gutzuschreiben sei, entsprechend C Bonds vernichtet oder bei nichtausreichender Deckung zur definitiven Rechnung nachgefordert würden.

Angesichts der Besonderheiten der Serie C ist jedoch eine andere Art der Annuitätenleistung vorgesehen.

Deutschland soll bis zum Rückkauf der Schuldverschreibungen aus dem Amortisationsfond zahlen:

1. fest jährlich 2 Milliarden Gold;

2. außerdem jährlich eine veränderliche Annuität, entweder 25 % vom Wert der Ausfuhr oder wahlweise „einen entsprechenden Betrag, so wie es in Übereinstimmung mit einem anderen von Deutschland vorgeschlagenen oder von der Kommission angenommenen Index festgesetzt werden sollte". (Nach Art. VII, Abs. V des Zahlungsplanes soll der Gegenwert der Abgabe von 25 % von der deutschen Regierung den Exporteuren bezahlt werden. In dieser veränderlichen Annuität ist eine Verallgemeinerung der von England 1921 in der German Reparation Recovery Act geschaffenen Einrichtung gegeben.);

3. eine weitere Summe entsprechend 1 % des Wertes der Ausfuhr oder wahlweise eine entsprechend einem genehmigten Index bemessene Summe.

Die Zahlungen zu 1. erfolgen jeweils spätestens am 15. Januar, 15. April, 15. Juli, 15. Oktober, die Zahlungen zu 2. und 3. spätestens am 15. Februar, 15. Mai, 15. August, 15. November, die erste Zahlung dieser Art am 15. November 1921 auf Grund der Ausfuhr vom 1. Mai bis 31. Juli 1921.

Nach Artikel V des Zahlungsplanes zahlt zunächst Deutschland innerhalb 25 Tagen nach Bekanntgabe des Ultimatums 1000 Millionen Goldmark in Gold oder indossierten dreimonatlichen Schatzwechseln. Diese erste Milliarde wird gleich den zwei ersten Vierteljahrsraten gesetzt und als deren Abstattung betrachtet.

Ein Garantiekommitee aus den alliierten Mächten, welches an die Stelle des bisherigen Berliner Ausschusses der Wiedergutmachungskommission tritt, wird mit weitgehenden Vollmachten eingesetzt.

Als Fonds für die Leistungen Deutschlands haften:

---

Es ist nicht gesagt, in wieviel Jahren die Annuitäten nach dem Zahlungsplan die Tilgung der Schuld bewirken. An sich wäre bei festen Annuitäten mit 5 % Zins und 1 % Tilgung ein Kapital in etwas weniger als 37 Jahren getilgt, bei Halbjahrszahlungen schon in 36 Jahren. Ein Kapital von 136 Milliarden würde also eine jährliche Zahlung von 8160 Millionen, die Bonds A und B mit zusammen 50 Milliarden würden allein schon eine Jahreszahlung von 3 Milliarden erfordern, und zwar bei halbjährlicher Entrichtung ungefähr für 36 Jahre.

1. die Erträgnisse aller deutschen See- und Landzölle und insbesondere aller Einfuhr- und Ausfuhrabgaben;

2. die Erträgnisse einer Abgabe von 25% auf den Wert aller deutschen Ausfuhr, mit Ausnahme der bereits von der englischen Abgabe oder dieser nachgeahmten Abgaben erfaßten Ausfuhr;

3. eventuell weitere ergänzende oder an Stelle der Abgaben zu 1 und 2 tretende Steuern.

Deutschland hat diesem Ultimatum sich unterworfen. Keynes, der in seinem Werk „Revision des Friedensvertrages“, S. 41, es für richtig erklärt, daß das Ultimatum von Deutschland bedingungslos akzeptiert wurde, „trotzdem es noch Forderungen enthielt, die unmöglich erfüllt werden konnten“, hat vorausgesagt, und zwar überraschend genau hinsichtlich des Zeitpunktes (S. 77), daß zu irgendeiner Zeit, zwischen Februar und August 1922, „Deutschland der unvermeidlichen Nichterfüllung verfallen“ würde.

Der deutsche Reichskanzler Dr. Wirth vertrat das Programm, alles daran zu setzen, um die Nichterfüllung zu vermeiden. Mit welchen Schwierigkeiten man zu kämpfen hatte, mag folgendes Beispiel veranschaulichen[1]: Für Leistung der im Ultimatum geforderten ersten Milliarde Gold vom Mai bis August 1921 mußten eine Anzahl von Hilfsmitteln ergriffen werden, die fast sämtlich als verzweifelte letzte Auswege zu bezeichnen sind. Es lieferte:

| | | | |
|---|---|---|---|
| 1a. Devisenankauf am Markt | 421,18 | Millionen | Goldmark |
| 1b. Devisenüberweisung durch die Reichsbank | 147 | " | " |
| Das würde aufgebracht haben insgesamt | 568,18 | " | " |
| Infolge von Kursverlusten betrug die Summe nur | 541 | " | " |
| Hierzu 2. durch Silberlombardierung von der Reichsbank beschafft | 58 | " | " |
| 3. Durch Goldankauf der Reichsbank im Inland | 15 | " | " |
| 4. Überweisung eines Regierungsguthabens bei der Banca d'Italia | 32 | " | " |
| 5. Devisenleihe bei inländischen Banken | 16 | " | " |
| 6. Amsterdamer Kredite | 270 | " | " |
| 7. Lieferung von effektivem Gold | 68 | " | " |
| Summe | 1000 | Millionen | Goldmark |

Ermöglicht wurde die Leistung, indem es gelang, die Bezahlung der Lebensmitteleinfuhr hinauszuschieben, und dank dem Umstande, daß

[1] Vgl. Deutsches Weißbuch, Reichstagsdrucksache 1921/22, Nr. 4140, S. 180 ff.

im Ausgleichsverfahren Deutschlands Saldo sich im August 1921 weniger ungünstig stellte, als angenommen worden war.

Es begann aber die Verschärfung der Markentwertung, da nach der Zahlung der ersten Milliarde Goldmark eine Erleichterung des Devisenmarktes ausbleiben mußte; denn es waren kurzfristige ausländische, für die Reparationszahlungen aufgenommene Kredite und die Getreidekredite abzudecken. Der Dollarkurs in Berlin, der im Durchschnitt des Jahres 1920 63,06 Mk. betragen hatte, stieg vom Juni 1921 ab, um im Septemberdurchschnitt 1921 104,91, im Durchschnitt des November 1921 bereits 262,96 Mk. zu erreichen [1]). Heute, wo wir Dollarkurse von vielen Tausend Mark, ja von über 49 000 Mk. erlebt haben, erscheinen uns diese Ereignisse von 1921 vielleicht nicht so ernst, wie sie als Symptome beginnenden Valutaverfalls genommen zu werden verdienen.

Auch in der Zeit seit dem Londoner Ultimatum sind die beiden Probleme auseinanderzuhalten: die Schwierigkeit, im Reichshaushalt die Mittel zur Deckung der Ausgaben aufzubringen, und die Schwierigkeit, für eingegangene Summen die Umwandlung von Papiermark in Goldmark bzw. Golddevisen zu bewirken.

Das erstere ist die Frage der Herstellung des Gleichgewichts im Reichshaushalt durch folgende Maßnahmen: Hinwirkung auf Beseitigung der Betriebsdefizite bei Post und Eisenbahn mittels Tariferhöhungen und Beamtenreduktion, fortwährende Anspannung der Besteuerung und Streben nach Ausgabeeinschränkung. Das zweite Problem stellt sich zunächst dar als Ausschöpfung der im Weltverkehr entstandenen deutschen Devisenguthaben für Barleistungen und durch Erwerb von Sachgütern mit Papiermark für Reparationsleistungen. In Wahrheit sind beide Probleme unaufhörlich in Wechselwirkung. Bei schlechter Finanzlage nimmt der Reichsfinanzminister bisher fortwährend steigende Milliardenbeträge von kurzfristigen Schulden bei der Reichsbank auf; der Notenumlauf der Reichsbank vermehrt sich dann entsprechend. Die Vermehrung des Notenumlaufes verringert Deutschlands Kredit in der Welt und ist von fortwährender Steigerung der Devisenkurse begleitet. Die Steigerung der Devisenkurse bewirkt enorme Verteuerung der Wareneinfuhr, nicht nur an Luxusgütern, sondern erst recht in gewaltigen Summen an Rohstoffen und Lebensmitteln.

[1]) Vgl. Stat. Jahrbuch f. d. Deutsche Reich 1921/22, S. 276, 277 und Wirtschaft und Statistik 1922, S. 712 (1. Novemberheft 1922).

Die Verteuerung der Wareneinfuhr wirkt zurück auf die Verteuerung der Lebenshaltung in Deutschland. Diese inländische Verteuerung hat sich vor allem seit Sommer und Herbst 1922 ins Phantastische gesteigert. Die Verteuerung zwingt wieder zu höheren Aufwendungen in Papiermark für die Reichsverwaltungen und diese höheren Aufwendungen zu höheren Eisenbahn- und Posttarifen; letztere Tarifmaßnahmen steigern wieder die Verteuerung. Fortwährende Erhöhungen der Beamtengehälter und der Löhne der Staatsarbeiter sind unvermeidbar und untergraben das Gleichgewicht im Haushalt des Reiches.

Wenn wir, um eine Milliarde Goldmark anzuschaffen, das Hundertfache und später sogar mehr als das Neunzehnhundertfache, ja Mehrtausendfache in Papiermark aufwenden mußten, so ist keine Ordnung in den Finanzen möglich. Es gelang bisher nicht, unsere Ausfuhr dauernd über den Betrag der Einfuhr zu steigern; es gelingt vollends nicht, eine Ausfuhr zu entwickeln, die uns über die Schulden für die Einfuhr und sonstige Passivposten der Zahlungsbilanz hinaus jährlich 3 Milliarden Goldmark liefern würde, was für die auferlegten Reparationen unumgängliche Voraussetzung wäre.

Nach einer Aufstellung der Reichsregierung [1]) sind seit dem Londoner Ultimatum, genau seit 1. Mai 1921 bis März 1922, insgesamt 1 899 888 487,72 Goldmark geleistet worden, freilich ohne daß in der deutschen Veröffentlichung ersichtlich gemacht worden war, ob der Wiedergutmachungsausschuß unsere Bewertung der Sachleistungen voll gelten läßt, was bisher nie erreicht wurde.

Unter den 1 899 888 487,72 Goldmark sind:

| | |
|---|---|
| a) Barzahlungen bis einschließlich 18. März 1922 . . . . | 1 294 888 487,72 |
| b) Leistungen gemäß der German Reparation Recovery Act an England einschließlich der vorliegenden noch einzulösenden Gutscheine bis 15. März 1922. . . . . . . . . . . . | 55 000 000 |
| c) Sachleistungen nach Schätzung Deutschlands bis einschließlich 15. März 1922 . . . . . . . . . . . . . . . . . | 550 000 000 |
| insgesamt Goldmark: | 1 899 888 487,72 |

Bis 31. Juli 1922 betrugen nach deutscher Schätzung die vom 1. Mai 1921 ab bewirkten deutschen Leistungen, gemäß der Veröffentlichung des deutschen Staatssekretärs Dr. Schröder in der Beilage zum „Manchester Guardian Commercial“: „Reconstruction in Europe“, sect. 8:

[1]) Vgl. Weißbuch, Reichstagsdrucksache 1921/22, Nr. 4140, S. 184.

| | | Wert in Goldmark |
|---|---|---|
| I. | **Barzahlungen:** | |
| 1. | Devisenzahlungen | 1 446 000 000 |
| 2. | Englische Sanktionsabgabe (Recovery Act) bis Ende Februar 1922 | 52 000 000 |
| 3. | Verschiedenes | 950 000 |
| | Summe I: | 1 498 950 000 |
| II. | **Sachleistungen:** | |
| 4. | Eisenbahnfahrzeugpark in den Abtretungsgebieten (neue Lieferungen) geschätzt auf | 500 000 000 |
| 5. | Fahrzeugersatzteile | 1 500 000 |
| 6. | Binnenschiffe | 32 000 000 |
| 7. | Tiere (etwa 52 000 Pferde, 36 000 Rinder, 70 000 Schafe, 186 000 Stück Geflügel) | 86 500 000 |
| 8. | Kohlen, Koks und Nebenprodukte (über 21 Millionen Tonnen) | 409 000 000 |
| 9. | Farbstoffe und chemisch-pharmazeutische Erzeugnisse (über 5000 Tonnen) | 23 000 000 |
| 10. | Wiederaufbaulieferungen (Friedensvertrag Teil VIII Anl. II § 19, Anl. IV § 2a, 2b), Waffenstillstandslieferungen (Maschinen, Geräte, Poena) und Verpflichtungen aus Friedensvertrag Artikel 247 (Löwener Universität und Kunstgemälde) | 100 000 000 |
| 11. | Englische Sanktionsabgabe (Recovery Act), ab 1. März 1922 bei den Sachleistungen zu verbuchen | 42 000 000 |
| | Summe II: | 1 194 000 000 |
| | Dazu Summe I: | 1 498 950 000 |
| | Mithin insgesamt: | 2 692 950 000 |

Außerdem wird von Staatssekretär Dr. Schröder mitgeteilt, daß in der Zeit vom 15. Oktober bis Ende Dezember 1921 3375 Millionen Papiermark als Gegenwert von 25 % der deutschen Ausfuhr dieses Zeitraumes zur Sicherstellung der am 15. Januar 1922 fälligen Reparationsrate an das Garantiekomitee auf Grund besonderer Vereinbarung gezahlt worden sind.

Wieviel von den deutscherseits berechneten Leistungen bis Ende Juli 1922 von der Reparationskommission anerkannt worden ist, ergibt sich aus der englischen Broschüre (1922, I) der Reparationskommission (S. 15) und ist wiedergegeben von Pierre Guébhard in der „Revue éconómique internationale" vom 25. November 1922, S. 413. Danach sind bis 30. April 1922 folgende Leistungen, die Deutschland seit 1. Mai 1921 aufbrachte, von der Reparationskommission in Goldmark gutgeschrieben worden:

| | | | |
|---|---|---|---|
| A. | **Barzahlungen:** | | |
| a) | Art. V des Zahlungsplans | 1 000 000 000 | |
| b) | Veränderliche Annuität, Zahlung vom 15. November 1921 | 13 014 991,51 | |
| c) | Barzahlungen Januar—April 1922 | 300 645 504,59 | |
| | Summe A Barzahlungen: | 1 313 660 496,10 | 1 313 660 496,10 |

| | | |
|---|---|---|
| Übertrag: Summe A Barzahlungen: | 1 313 660 496,10 | 1 313 660 496,10 |
| B. Sachlieferungen: | | |
| 1. Recovery act usw. | 72 263 441,56 | |
| 2. Verschiedene Lieferungen § 2 Anl. II | 44 193 285,01 | |
| 3. Schiffe (Seehandelsflotte) | 43 889 767,06 | |
| 4. Binnenschiffahrtsflotte | 21 071 825 | |
| 5. Vieh | 51 592 015,78 | |
| 6. Verschiedene Lieferungen (Wiederaufbaumaterialien usw.) | 21 101 715,84 | |
| 7. Kohlen und Koks | 275 398 643,36 | |
| 8. Steinkohlennebenprodukte | 11 690 454,19 | |
| 9. Farbstoffe | 10 006 781,65 | |
| 10. Pharmazeutische Produkte | 8 451 211,88 | |
| 11. Löwener Bibliothek | 816 276,01 | |
| Summe B Sachlieferungen: | 560 475 417,34 | 560 475 417,34 |
| C. Waffenstillstands-Sachlieferungen | | 3 678 815,81 |
| Summe A—C: | | 1 877 814 729,25 |

**Provisorische Rechnung für die Periode bis**

| | 1 | 2 | 3 | |
|---|---|---|---|---|
| | Kohlenvorschüsse und Besatzungskosten bis 30. April 1921 | Sachlieferungen bis 30. April 1921 | Saldi | |
| | Kredit | Debet | Debet | Kredit |
| England | 995 330 | 297 246 | | 698 084 |
| Frankreich | 1 281 518 | 982 696 | | 298 822 |
| Italien | 39 104 | 83 978 | 44 874 | — |
| Japan | — | 8 965 | 8 965 | — |
| Belgien | 208 169 | 556 674 | 348 505 | — |
| Griechenland | — | 5 318 | 5 318 | — |
| Polen | — | 14 705 | 14 705 | — |
| Rumänien | — | 4 536 | 4 536 | — |
| Jugoslawien | — | 82 | 82 | — |
| Tschechoslowakei | — | 6 848 | 6 848 | — |
| unverteilt [1]) und in suspenso | — | 905 | — | — |
| Summa | 2 524 121 | 1 961 953 | 433 833 | 996 906 |

[1]) Nichtverteilte und in der Schwebe gelassene Posten, die bis 30. April 1922 den alliierten Mächten noch nicht zur Last geschrieben sind:

| | | |
|---|---|---|
| Waffenstillstandslieferungen | 59,0 | Millionen Goldmark |
| Unterseekabel | 49,0 | " " |
| Erwerb durch Freistaat Danzig | 305,5 | " " |
| Saar: Provisorische Differenz zwischen Gutschrift für Deutschland und Lastschrift für Frankreich | 100,0 | " " |

Diese Summe bis Ende April 1922 bleibt somit um 22 Millionen Goldmark hinter der zuerst mitgeteilten deutschen Regierungsschätzung zurück. Dabei ist zu beachten, daß die Reparationskommission das Rechnungsjahr vom 1. Mai bis 30. April zugrundelegt, ferner, daß die deutsche Regierungsaufstellung die Zeit vom 16. bzw. 19. März bis 30. April 1922 nicht mit einbezog, welche von der Reparationskommission mitberücksichtigt wurde.

Nachdem wir die großen Abweichungen zwischen beiden Berechnungen zu ungunsten Deutschlands festgestellt haben, gilt es zu untersuchen, wie sich auf die einzelnen Gläubigerländer die deutschen Leistungen verteilen. Die englische Broschüre der Reparationskommission (I, S. 23, 24) gibt folgende Ziffern:

**30. April 1921 in Tausenden von Goldmark.**

| 4 | 5 | | 6 | | 7 | |
|---|---|---|---|---|---|---|
| Barzahlungen | Saldi 30. April 1922 vor Belastung mit Staatseigentum usw. | | Abtretungen von Staatseigentum in abgetretenen Gebieten definitiv oder provisorisch | | Schlußsaldi für die Periode bis 30. April 1921 | |
| Debet | Debet | Kredit | | Debet | Debet | Kredit |
| 637 599 | | 60 485 | Shameen-Konzession | 538 | — | 59 947 |
| 140 307 | | 158 515 | Shanghai . . . . . | 2 042 | — | 156 473 |
| — | 44 874 | — | | | 44 874 | — |
| — | 8 965 | — | Kiautschau . . . . | 59 000 | 67 965 | — |
| — | 348 505 | — | Eupen-Malmedy . . | 635 | 349 140 | — |
| — | 5 318 | — | | | 5 318 | — |
| — | 14 705 | — | Staatseigentum und Staatsschuld . . | 1 730 582 | 1 745 287 | — |
| — | 4 536 | — | | | 4 536 | — |
| — | 82 | — | | | 82 | — |
| — | 6 848 | — | Staatseigentum und Staatsschuld . . | 6 031 | 12 879 | — |
| — | — | — | — | | — | — |
| 777 906 | 433 833 | 219 000 | | 1 798 828 | 2 230 081 | 216 420 |

Schiffe: Differenz zwischen Gutschrift für Deutschland
und Lastschrift an Mächte . . . . . . . . . . . 390,7 Millionen Goldmark
Wechselkursverlust . . . . . . . . . . . . . . . . 0,4 " "
904,6 Millionen Goldmark

Die Angaben: 904,6 Millionen unverteilte Leistungen und 905 000 Goldmark in dem Reparationsbericht sind miteinander *nicht zu vereinen.*

## 2. Provisorische Rechnung für die Periode vom 1. Mai 1921 bis 30. April 1922 in Tausenden von Goldmark.

| | 1. | 2. | 3. | | 4. | | 5. | |
|---|---|---|---|---|---|---|---|---|
| | Besatzungskosten | Sachlieferungen | Saldi | | Barzahlungen | | Schluß-Saldi am 30. April 1922 | |
| | Kredit | Debet | Debet | Kredit | Debet | Kredit | Debet | Kredit |
| Vereinigte Staaten | 56 160 | — | — | 56 160 | — | — | — | 56 160 |
| England | 10 787 | 116 018 | 105 231 | — | — | 868 [3]) | 104 363 | — |
| Frankreich [1]) | 164 160 | 519 927 | 355 767 | — | — | 2 147 [4]) | 353 620 | — |
| Italien | — | 73 250 | 73 250 | — | — | — | 73 250 | — |
| Japan | — | 12 | 12 | — | — | — | 12 | — |
| Belgien | 35 639 | 65 049 | 29 410 | — | 669 057 [5]) | — | 699 057 | — |
| Griechenland | — | 1 528 | 1 528 | — | — | — | 1 528 | — |
| Polen | — | — | — | — | — | — | — | — |
| Rumänien | — | 5 608 | 5 608 | — | — | — | 5 608 | — |
| Jugoslawien | — | 51 567 | 51 567 | — | — | — | 51 567 | — |
| Tschechoslowakei | — | 6 409 | 6 409 | — | — | — | 6 409 | — |
| Unverteilt [2]) | — | 38 | — | — | — | — | — | — |
| Summa: | 266 746 | 839 406 | 628 782 | 56 160 | 669 057 | 3 015 | 1 295 414 | 56 160 |

[1]) Bei Frankreich sind 300 Millionen Goldmark für die Saargruben mitbelastet.

[2]) Nicht verteilt an die alliierten Mächte waren am 30. April 1922:

| | | |
|---|---|---|
| Bargeld und Wertschriften | 33,0 | Millionen Goldmark |
| Schuld Luxemburgs für Kohle | 4,7 | " " |
| Schuld der Textile Alliance für Farbstoffe | 0,1 | " " |
| | 37,8 | Millionen Goldmark. |

Daß auch hier in der Tabelle 38 000, in der Erläuterung 37 800 000 Goldmark erscheinen, gibt sehr viel zu denken.

[3]) Wechselkursgewinn. [4]) Wechselkursgewinn. [5]) Zahlung gemäß Entscheidung vom 29. Juli 1921.

Zieht man diese beiden Berechnungen nach der von Guébhard in der Revue économique internationale 1922, S. 412, angewendeten Methode, jedoch unter Berichtigung der dort enthaltenen störenden Druckfehler [1]), für die gesamte Zeit vom 11. November 1918 bis 30. April 1922 zusammen, so ergibt sich folgendes Bild:

**Provisorische Gesamtrechnung über Empfänge der alliierten Regierungen aus deutschen Reparationsleistungen vom 11. November 1918 bis 30. April 1922 nach Aufstellung der Reparationskommission in Tausenden von Goldmark.**

| | 1 | 2 | 3 | 4 | 5 | |
|---|---|---|---|---|---|---|
| | Vorschüsse auf Kohlen und Besatzungskosten | Verschiedenes | Sachlieferungen und Barleistungen | Abtretung von unbeweglichem Besitz | Schlußsaldi 30. April 1922 | |
| | Kredit | Kredit | Debet | Debet | Debet | Kredit |
| Vereinigte Staaten . | 56 160 | — | — | — | — | 56 160 |
| England . . . . . . | 1 006 117 | 868 | 1 050 863 | 538 | 44 416 | — |
| Frankreich . . . . . | 1 445 678 | 2147 | 1 342 930 | 302 042 | 197 147 | — |
| Italien . . . . . . . | 39 104 | — | 157 228 | — | 118 124 | — |
| Japan . . . . . . . | — | — | 8 977 | 59 000 | 67 977 | — |
| Belgien . . . . . . . | 243 808 | — | 1 291 370 | 635 | 1 048 197 | — |
| Griechenland . . . . | — | — | 6 846 | — | 6 846 | — |
| Polen . . . . . . . . | — | — | 14 705 | 1 730 582 | 1 745 287 | — |
| Rumänien . . . . . | — | — | 10 144 | — | 10 144 | — |
| Jugoslavien . . . . | — | — | 51 649 | — | 51 649 | — |
| Tschechoslovakei . . . | — | — | 13 257 | 6 031 | 19 288 | — |
| Unverteilt . . . . . | — | — | 943 | — | — | — |
| | 2 790 867 | 3015 | 3 948 912 | 2 098 828 | 3 309 075 | 56 160 |

Rätselhaft bleibt, wieso in der Berechnung der Gesamtverwendung durch die Reparationskommission die unverteilte Summe mit 943 000 Goldmark erscheinen kann, während in den Erläuterungen der Reparationskommission 943 Millionen nachgewiesen sind. Im übrigen ist zu ersehen, daß die bis 30. April 1922 nach Berechnung der Reparationskommission von Deutschland insgesamt geleisteten

---

[1]) In der Revue économique internationale 1922, S. 412, hat Guébhard aus den Berechnungen der Reparationskommission die Vereinigten Staaten und Rumänien weggelassen, ferner die Leistungen an Jugoslawien mit 51699000 statt mit 51649000 Goldmark angegeben, so daß seine Tabelle nicht ganz mit der meinigen stimmt.

| | | |
|---|---|---|
| Barzahlungen und Sachleistungen . . . . . | 3 948 912 000 | Goldmark |
| die Abtretungen von unbeweglichem Besitz . . | 2 098 828 000 | „ |
| die Gesamtleistung mit . . . . . . . . . . | 6 047 740 000 | Goldmark |

angerechnet war. Bleibt für

| | | |
|---|---|---|
| Forderung der Vereinigten Staaten von Amerika | 56 160 000 | „ |

zu leisten.

| | | |
|---|---|---|
| Gesamtsumme: | 6 103 900 000 | Goldmark |

Den alliierten Mächten wurden danach verteilt:

| | | | |
|---|---|---|---|
| a) | zur Deckung der Besatzungskosten und der Kohlenvorschüsse . . . . . . . . . . . . . . . . . | 2 790 867 000 | Goldmark |
| b) | auf verschiedene kleine Posten (Wechselkursverrechnung) | 3 015 000 | „ |
| c) | Empfänge . . . . . . . . . . . . . . . . . . | 3 309 075 000 | „ |
| d) | Rücklage noch unverteilt . . . . . . . . . . . | 943 000 | „ |
| | Summe wie oben | 6 103 900 000 | Goldmark. |

Im übrigen ist zu ersehen, daß die alliierten Mächte Gelegenheit gehabt hätten, recht bedeutende Werte für den Wiederaufbau zu erlangen, wenn nicht die Besatzungskosten so ungeheuere Kosten verschlungen hätten. Vor allem Frankreich hat durch Aufrechterhaltung einer riesigen Besatzung in Deutschland selbst bewirkt, daß ihm von deutschen Leistungen von 1 342 930 000 Goldmark, zu denen noch 302 042 000 Goldmark Wert abgetretenen Staatseigentums hinzukamen, nur 197 147 000 zur sonstigen Verfügung blieben.

Um die Last der deutschen Leistungen voll zu würdigen, muß noch berücksichtigt werden, daß in der Zeit nach dem Waffenstillstand, bis zum 31. Juli 1922, im Zusammenhang mit dem Friedensvertrag, noch weitere große Ausgaben, die aber nicht für Reparationskonto gutgeschrieben werden, dem Deutschen Reich zur Last fielen. Sie machten, nach der vorher angeführten Berechnung des deutschen Staatssekretärs Dr. Schröder, in Papiermark folgende Summen aus:

| | | | |
|---|---|---|---|
| 1. | Zahlungen aus dem Ausgleichsverfahren . . . . . . . . | 22 411 000 000 | Mk. |
| 2. | Besatzungskosten (deutsche Ausgaben) . . . . . . . . . | 14 000 000 000 | „ |
| 3. | Ausgaben für alliierte Kommissionen . . . . . . . . . | 2 900 000 000 | „ |
| 4. | Leistungen aus dem Vertrage von Versailles außerhalb der Reparationen (Restitutionen und Substitutionen von Vieh, Maschinen und anderem Material, Auslieferung und Unbrauchbarmachung von Kriegsgerät) . . . . . . . . | 6 340 000 000 | „ |
| 5. | Innere Ausgaben für Ausführung des Friedensvertrages (Durchführung der Entschädigung der Ausland- und Kolonialdeutschen und der Verdrängten, Fürsorge für die deutschen Flüchtlinge aus den abgetretenen Gebieten usw.) | 7 256 000 000 | „ |
| | Summe 1.—5. Papiermark | 52 907 000 000 | Mk. |

Hinzu treten noch die oben erwähnten, zur Reparation gehörenden Sicherheitsleistungen an das Garantiekomitee (Gegenwert von 25 % des Wertes der deutschen Ausfuhr vom 15. Oktober bis 31. Dezember 1921) . . . . . . . 3 375 000 000 Mk.

Von all den Lasten, die auf Deutschland ruhen, wird nichts gewonnen für den offiziell als dringendes Bedürfnis anerkannten Zweck, die Schäden in Frankreich zu reparieren, so lange die Kosten der Besatzungsarmeen und die belgische Priorität von 2 Milliarden Goldmark noch nicht völlig gedeckt sind. Die Besatzungskosten aber verschlingen — trotz aller nicht zu leugnenden Bemühungen auch alliierter Kreise, ebenfalls auf ihre Verminderung hinzuwirken — Summen, die geradezu beschämend sind, wenn man erwartet, daß es das nächste Ziel wäre, Deutschlands Leistungen für den Wiederaufbau zerstörter Gebiete nutzbar zu machen. Nach der dem Reichstag als Drucksache 4339 von 1920/22 vorgelegten zweiten Denkschrift vom 1. Mai 1922 über die Kosten der Rheinlandbesetzung wurden — ohne die Ausgaben, welche seit der Besetzung anläßlich der sogenannten Sanktionen entstanden sind — also für das altbesetzte Gebiet für die Zeit vom Waffenstillstand bis Ende März 1922 die Besatzungskosten auf nicht weniger als 5 536 953 542 Goldmark angegeben [1]); die dem Reich außerdem für Leistungen und Lieferungen an die Besatzungsarmeen erwachsenden Kosten wurden damals auf 14 Milliarden Papiermark geschätzt. Es sind also allein in Goldmark um anderthalb Milliarden Goldmark mehr, als die gesamte französische Kriegsentschädigung nach 1871 betrug, und außerdem 14 Milliarden Papiermark nur für diesen durchaus unproduktiven Zweck zu zahlen gewesen. Allein für Einrichtung von Bordellen sind auf Anfordern der Franzosen bis Ende Oktober 1921 nicht weniger als 801 942,85 Mk. aufzuwenden gewesen.

Verfolgen wir jetzt kurz den äußeren Hergang der Ereignisse, seitdem Deutschland das Londoner Ultimatum angenommen hat, so ist gerechterweise anzuerkennen, daß bei Verhandlungen im November 1921

---

[1]) Wie oben angeführt, berechnet Guébhard die Kosten der Alliierten für Besatzung vom 11. November 1918 bis 30. April 1922 nur auf 3409269000 Goldmark. (Vgl. die Aufklärungen in der englischen Broschüre der Reparationskommission I, S. 4 und 6.) Nach der deutschen Denkschrift betrug der Aufwand gemäß Angabe der Besatzungsmächte bis Ende März 1921: 3936954542 Goldmark; für 1. April 1921 bis 30. März 1922 schätzt die deutsche Regierung nach der Besatzungsstärke und den Ansprüchen die Ausgabe auf weitere 1 600 000 000 Goldmark.

und seitdem[1]) die Reparationskommission auf die Grundursache der deutschen Markentwertung wiederholt energisch hingewiesen hat, auf die Praxis, durch Begebung kurzfristiger Schuldscheine an die Reichsbank Geld zu beschaffen und dadurch die Inflation zu steigern. Nur ist das uns empfohlene Abhilfemittel, durch energische Mittel den Reichshaushalt ins Gleichgewicht zu bringen, nicht ausreichend. Unumgängliche Voraussetzung der Gesundung des Reichshaushaltes wie auch der Devisenkurse wäre eine auswärtige Anleihe in der Höhe der schwebenden Schuld, sowohl der bei der Reichsbank wie bei Banken und Privatkapitalisten untergebrachten, gewesen, wenn eine solche Anleihe mit der Verpflichtung, hieraus die schwebende Schuld abzuzahlen, gewährt würde. Man wandte sich tatsächlich an die Finanzwelt Englands wegen einer Anleihe, jedoch anscheinend nur, um zwei Zahlungen, die nach dem Londoner Ultimatum im Januar und Februar 1922 fällig gewesen wären, zu decken, nicht aber wegen einer großen Konsolidierungsanleihe. Die deutsche Anfrage in England wurde abgewiesen, und zwar mit Hinweis auf die deutschen Zahlungsverpflichtungen aus dem Friedensvertrag[2]). Am 14. Dezember 1921 mußte die deutsche Regierung erklären, daß sie voraussichtlich die zum 15. Januar und 15. Februar 1922 fälligen Zahlungen nicht aufbringen könne und um einen Aufschub nachsuche. Im Januar 1922 trat in Cannes der Oberste Rat zusammen. Vor ihm gab Rathenau in einer wirkungsvollen Rede am 12. Januar 1922 ein anschauliches Bild von Deutschlands verzweifelter Lage[3]).

Die Entente habe für möglich erachtet, daß 1922 Deutschland 500 bis 720 Millionen Goldmark in bar, 1450 Millionen Goldmark in Sachleistungen liefere. Es sei zu erwägen, daß die deutsche Zahlungsbilanz mit einem Einfuhrbedarf von 2,5 Milliarden Goldmark für Lebensmittel und 2,5 Milliarden für Rohstoffe vorweg belastet sei. Früher, vor dem Kriege, habe Deutschland aus Investitionen im Ausland usw. jährlich 1,5 Milliarden Goldmark bezogen; jetzt habe es 0,75 Milliarden Goldmark für seinen Schuldendienst ans Ausland zu entrichten. Das Passivum der Zahlungsbilanz betrage 5,75 Milliarden

---

[1]) Vgl. Weißbuch, Reichstagsdrucksache 1921/22, Nr. 4140, S. 29.

[2]) Vgl. Weißbuch 1921/22, Drucks. 4140, S. 30, Ebenda die Note des Reichskanzlers vom 14. Dezember 1921 an die Reparationskommission wegen Zahlungsaufschubs.

[3]) Vgl. Reichstagsdrucksache 1921/22, Nr. 4140, S. 39 ff.

Goldmark, denen eine Ausfuhr im Werte von 3,5 bis 4 Milliarden Goldmark gegenüberstehe. Das Defizit sei zu decken: 1. durch Verkauf der Substanz des Landes, was in starkem Maße erfolge, 2. eventuell durch große auswärtige Anleihen, die bisher nicht erreicht seien, 3. durch Verkauf von Papiermark ans Ausland. Letztere Praxis habe die internationale Spekulation in Reichsmark begünstigt; nunmehr stehe man vor einem Streik der auswärtigen Papiermarkkäufer. Der Dollarkurs sei von 55 bis auf zeitweise 300 gestiegen, als Deutschland in kurzer Zeit Mitte 1921 die erste Goldmilliarde beschaffen mußte. Das deutsche Budget werde dadurch in Gefahr gebracht. Eine Einschränkung des deutschen Verbrauches sei ein unmögliches Auskunftsmittel. Einer Hebung der deutschen Ausfuhr stelle sich die Gegenwehr anderer Völker gegen Einfuhr deutscher Produkte in den Weg.

Rathenau schätzte, daß bei 21 Millionen arbeitsfähiger Bevölkerung in Deutschland und 2400 Arbeitsstunden im Jahre 50 Milliarden Arbeitsstunden in Deutschland geleistet würden. Er berechnete, daß hiervon insgesamt 9 bis 9,28 Milliarden Arbeitsstunden auf folgende Aufwendungen entfielen: an die Stelle von Einnahmen aus Investitionen im Ausland seien Verpflichtungen ans Ausland getreten, und die deutsche Warenausfuhr habe sich von 10 auf 3,5 Milliarden Goldmark verringert (3,75 Milliarden Arbeitsstunden); das deutsche Gebiet und die Bevölkerung habe sich um mehr als 10 % vermindert, und damit seien die verfügbaren Ersparnisse zurückgegangen (1 Milliarde Arbeitsstunden); durch Gebietsverluste fehle ein Teil der Rohstoffe, und hiefür müsse durch Einfuhr gesorgt werden (0,83 Milliarden Arbeitsstunden); die landwirtschaftliche Flächengestaltung sei ungünstiger geworden, und der Düngemittelbezug habe sich verschlechtert (1,82 Milliarden Arbeitsstunden); endlich seien die Einbuße an Einnahmen vom Ausland aus Schiffahrt, internationalem Handel und Auslandsbankverkehr wettzumachen (1,66 Milliarden Arbeitsstunden).

Von 50 Milliarden Arbeitsstunden seien mehr als 9 Milliarden Arbeitsstunden, mehr als ein Fünftel der Gesamtzeit, für Arbeit aufzuwenden, die vor dem Kriege nicht von Deutschland zu leisten war. Eine „unsichtbare Arbeitslosigkeit" bestehe darin, daß etwa 4 Millionen Deutsche arbeiten müssen, ohne daß dadurch Deutschland irgendwie reicher wird. Zu den 500 bis 720 Millionen Goldmark und weiteren 1450 Millionen Goldmark, die man von Deutschland für Reparationen jährlich haben wolle, träten noch hinzu: Goldlasten in bar aus dem Ausgleichsverfahren von 360 bis 400 Millionen Goldmark und der Aufwand für einzuführende Rohstoffe (ohne Kohle) von 250 Millionen Goldmark, der unumgänglich sei, damit überhaupt Deutschland Sachleistungen liefern könne.

Der Wiedergutmachungsausschuß [1]) hat, laut Mitteilung vom 13. Januar 1922, eine ganz kurze Atempause Deutschland zugestanden. Statt der am 15. Januar und am 15. Februar 1922 fälligen Zahlungen zahlt „während der vorläufigen Verzugsfrist“ die deutsche Regierung alle zehn Tage, vom 18. Januar 1922 ab, je 31 Millionen Goldmark in zugelassenen Devisen. Die deutsche Regierung sollte binnen 14 Tagen einen „angemessenen Reform- und Garantieplan betreffs des deutschen Budgets und des deutschen Papierumlaufs, sowie ein vollständiges Programm für Barzahlungen und Sachlieferungen für das Jahr 1922“ unterbreiten. Sobald über diesen Plan von der Reparationskommission oder den alliierten Regierungen entschieden sei, gehe die vorläufige Verzugsfrist zu Ende. Hierauf entwickelte sich, im Anschluß an die Konferenz von Cannes, ein Schriftwechsel zwischen dem deutschen Reichskanzler und dem Wiedergutmachungsausschuß [2]).

Am 28. Januar 1922 legte der Reichskanzler Dr. Wirth der Reparationskommission ein Reformprogramm für den Reichshaushalt und den Notenumlauf, sowie ein Programm für Reparationsleistungen im Kalenderjahr 1922 vor.

Beginnen wir mit dem letzteren. Von alliierter Seite seien für 1922 als deutsche Leistungen für Reparationen 720 Millionen Goldmark Barzahlungen und bis zu 1450 Millionen Goldmark Sachleistungen in Cannes in Erwägung gezogen worden. Die deutsche Regierung sehe voraus, daß so bedeutende Barleistungen nur durch Erhöhung der schwebenden Schuld zum großen Teil beschafft werden könnten, und regt daher an, nötigenfalls die Sachleistungen zu erhöhen. Sie hat jedoch in ihrer Note nicht hervorgehoben, wie das Geld hiefür zu beschaffen sei. Im übrigen schlug die deutsche Regierung vor, die auf die Fälligkeiten vom 15. Januar 1922 und 15. Februar 1922 bewirkten und noch zu bewirkenden Leistungen auf die Reparationsleistungen für 1922 anzurechnen, ferner die in fremder Währung zu

---

[1]) Vgl. Reichstagsdrucksache 1921/22, Nr. 4140, S. 44 ff.

[2]) Vgl. Aktenstücke zur Reparationsfrage vom Mai 1921 bis März 1922. Reichstagsdrucksache 1921/22, Nr. 4140, S. 48 ff.

erstattenden Besatzungskosten auf die Gesamtleistungen für 1922 anzurechnen, die in Papiermark zu leistenden Beiträge zu den Besatzungskosten bedeutend zu ermäßigen; endlich seien die übrigen in fremder Währung zu tilgenden Verpflichtungen aus dem Friedensvertrag, insbesondere die Lasten aus dem Ausgleichsverfahren, im Wege besonderer Vereinbarungen auf ein erträgliches Maß zurückzuführen.

Bezüglich der Lasten aus den Sachleistungen ist vom damaligen Reichskanzler nur das Bedenken hervorgehoben worden, daß Goldzahlungen für den Bezug ausländischer Rohstoffe gebraucht würden, nicht aber ein Plan, wie ohne Vermehrung der diskontierbaren schwebenden Schuld die inländische Bezahlung der Sachleistungen von der deutschen Regierung gedacht sei, entwickelt worden. Im übrigen wird mit Recht vom deutschen Reichskanzler darauf hingewiesen, daß eine klare definitive Regelung der deutschen Reparationsleistungen im allgemeinen Interesse liege, und daß zur Zeit die Kreditwürdigkeit Deutschlands weder vom inländischen noch vom ausländischen Anlagekapital anerkannt werde. Die Folgerung jedoch, daß dringendstes Bedürfnis sei, einen anderen Weg zur Kreditbeschaffung als Vermehrung der diskontierbaren schwebenden Schuld zu finden, ist nicht in den Vordergrund gestellt.

Was die deutschen finanziellen und valutarischen Reformen betrifft, so ist in der Note des Reichskanzlers Dr. Wirth ein Steuerprogramm, welches inzwischen verwirklicht wurde, skizziert; es wird ferner auf die Tariferhöhungen bei Eisenbahn und Post hingewiesen. Auf eine Beschränkung der Ausgaben habe man hingewirkt: durch Verminderung der Beamtenstellen, durch Abbau der Zuschüsse zur Lebensmittelverbilligung, organisatorische Reformen bei den Verkehrsanstalten; endlich sei geplant, die Erwerbslosenunterstützung durch eine Arbeitslosenversicherung zu ersetzen, deren Kosten überwiegend von Arbeitgebern und Arbeitnehmern zu tragen seien. Demgemäß werde für 1922 im ordentlichen Reichshaushalt ein Überschuß von 16,5 Milliarden Papiermark zugunsten der Ausgaben für den Friedensvertrag und für Reparationen angestrebt.

Selbstverständlich basierte diese, wie jede Budgetschätzung, auf bestimmten Annahmen über die zukünftigen Valutaverhältnisse. Daß letztere brauchbar sein würden, hing davon ab, welche Entschlüsse hinsichtlich der schwebenden Schuld und des Notenumlaufes von der Regierung verfolgt wurden. Letztere bilden daher das Wesentliche und sind nunmehr zu betrachten, da hiermit alles steht und fällt. Man wird allerdings lebhaft dadurch enttäuscht, daß in diesem Programm nichts als die geplante Zwangsanleihe und die Autonomie der Reichsbank erwähnt ist. Es fehlt jeder Hinweis darauf, daß ohne Konsolidierung der mit Inflation verbundenen unverzinslichen schwebenden Schuld nichts erreichbar sei, und es fehlt jede ernste Betonung, daß im Interesse Deutschlands und seiner Gläubiger eine solche Reform unumgänglichste nächste Pflicht sei; es fehlt auch jeder Hinweis darauf, daß die Regierung die warnenden Mahnungen, welche ihr damals zugingen, nicht durch eine Zwangsanleihe die Grundlagen für eine geschicktere Pflege des freiwilligen Kredits und für eine Konsolidierungsanleihe zu gefährden, irgendwie voll würdigte. Die Reparationskommission nahm durch die Note vom 21. März 1922 [1]) zu dem deutschen Regierungsprogramm Stellung.

Sie ging nicht auf eine Herabsetzung der Forderung von 720 Millionen Goldmark Barleistungen für 1922 ein und hielt daneben die Forderung von weiteren 1450 Millionen Goldmark Sachleistungen für 1922 fest.

Von den 720 Millionen Goldmark Barleistungen seien abzuziehen 281 948 920,49 Goldmark, „welche den von Deutschland bereits zur Erfüllung der von ihm durch die Reparationskommission im Jahre 1922 geforderten Zahlungen bewirkten Barzahlungen entsprechen". Die Differenz, d. h. 438 051 079,51 Goldmark, seien in monatlichen Raten vom 15. April bis 15. Dezember 1922 bar zu zahlen, und zwar am 15. April 1922 mit 18 051 079,51 Goldmark, Mitte Mai bis Mitte Oktober 1922 mit monatlich je 50, Mitte November und Dezember 1922 mit monatlich je 60 Millionen Goldmark.

Von den 1450 Millionen Goldmark Sachleistungen, zu welchen von nun ab auch die Erträge der britischen Recovery Act und ähnlicher Bestimmungen zu rechnen sind, sollen Frankreich 950, die anderen Alliierten 500 Millionen Goldmark zu beanspruchen haben. Im Falle der Nichterfüllung oder mangelhafter Erfüllung [2]) der Verpflichtungen

---

[1]) Vgl. Reichstagsdrucksache 1921/22, Nr. 4140, S. 157 ff.

[2]) Wörtlich lautet die Bestimmung: „Sollte die Reparationskommission im Laufe des Jahres 1922 feststellen, daß von Frankreich oder seinen Staatsangehörigen oder von anderen reparationsberechtigten Mächten oder ihren Staatsangehörigen nach Maßgabe des im Vertrage vorgesehenen oder auf Grund eines von der Reparationskommission gebilligten Verfahrens

zu diesen Sachleistungen werde für Ende 1922 entsprechende Zusatzzahlung in bar gefordert werden.

Auf diese Bestimmung gestützt, mußte im Januar 1923 die deutsche Regierung den Vormarsch der französischen Regierung im Ruhrrevier als Vertragsbruch ansehen.

Es wurde von der Reparationskommission hervorgehoben, daß die 720 und 1450 Millionen geforderten Goldmark für 1922, ausschließlich der durch Artikel 8 bis 12 des Rheinlandabkommens vom 28. Juni 1919 zur Last gelegten Leistungen, zu zahlen seien, und es wurde ausdrücklich hinzugefügt, daß die Sachleistungen, welche von Deutschland zwischen dem 1. Mai 1921 und dem 31. Dezember 1922 an eine Macht bewirkt werden, welche wegen ihrer Besatzungsarmee forderungsberechtigt ist, „in erster Linie und in einem entsprechenden Verhältnis zum Ausgleich der Kosten der Besatzungsarmeen während desselben Zeitraumes verwandt werden" sollten. „Nur ein etwa verbleibender Restbetrag soll gleichzeitig mit den Barzahlungen zum Ausgleich der Reparationsannuität nach Festsetzung von Artikel 4 des Zahlungsplanes vom 5. Mai 1921 gutgeschrieben werden." „Der Unterschied zwischen den auf Grund des Zahlungsplanes und wegen der Besatzungsarmeen geschuldeten und den 1921 und 1922 tatsächlich bezahlten Summen soll zuzüglich 5 v. H. jährlicher Zinsen eine Schuld Deutschlands bleiben, die über die Annuitäten des Zahlungsplanes hinaus von ihm abgedeckt werden soll, sobald die Reparationskommission es dazu in der Lage erachten wird." Bis 31. Mai 1922 behielt sich die Reparationskommission eine definitive Stellungnahme vor. Besondere Drohungen sind noch vorgesehen, falls am 31. Mai 1922 die Kommission den Aufschub für ungültig erklären sollte oder falls bei Bestätigung des Aufschubs später eine „Verfehlung" Deutschlands festgestellt werde.

Inzwischen hatte eine Pariser Finanzkonferenz der alliierten Mächte am 11. März 1922[1]) eine Einschränkung der Besatzungskosten

---

und in den Grenzen der oben angegebenen Ziffern angeforderte Sachleistungen infolge Obstruktion der deutschen Regierung oder ihrer Organisationen oder infolge von Verstößen gegen das Verfahren des Vertrages oder eines von der Reparationskommission gebilligten Verfahrens nicht ausgeführt worden sind, so werden von Deutschland am Ende des Jahres 1922 an Stelle der nicht ausgeführten Sachleistungen entsprechende Zusatzzahlungen in bar gefordert werden."

[1]) Vgl. Reichstagsdrucksache 1921/22, Nr. 4140, S. 190 ff.

für die Zukunft, vom 1. Mai 1922 ab, auf jährlich 220 Millionen Goldmark beschlossen und angeordnet, daß von den von Deutschland geleisteten Zahlungen 500 Millionen Goldmark an Großbritannien für Kosten seiner Besatzungsarmee vor dem 1. Mai 1921, 140 Millionen Goldmark ebenso an Frankreich fallen sollten. Der Überschuß der deutschen Barzahlungen von 1921 über diesen Betrag, sowie die nach 1921 bewirkten Barzahlungen Deutschlands werden Belgien auf Konto seiner Priorität bis zur Tilgung der letzteren zugestellt, mit Ausnahme von 172 Millionen, die Italien auf Reparationskonto zugeteilt erhält. Frankreich werden einstweilen 300 Millionen Goldmark auf den Wert der ihm zugefallenen Saargruben belastet, jedoch nicht nach den Grundsätzen für Barzahlungen, sondern für Sachleistungen.

Hinsichtlich der deutschen Sachlieferungen im Jahre 1922, sowie der Erträgnisse der britischen Recovery Act und eventueller Nachahmungen derselben, wurde vereinbart, daß 65 % hiervon an Frankreich fallen sollten, während die übrigen 35 % auf die anderen alliierten Mächte entfallen, und zwar unter Anwendung eines sehr verwickelten Verrechnungsmaßstabes. Wichtiger ist, daß die beteiligten Regierungen sich nunmehr verpflichteten, die Wiederausfuhr der empfangenen Sachleistungen zu untersagen, ferner, daß das Wiesbadener Abkommen anerkannt wurde.

Die Abrede, daß die Wiederausfuhr empfangener Sachleistungen den alliierten Regierungen verboten wurde, berührt Erscheinungen, die Delaisi in Sect. 7 der Reconstruction Numbers des Manchester Guardian Commercial vom 7. September 1922 in äußerst lehrreicher Weise dargestellt hat. In Frankreich ringen danach bei Ausführung des Versailler Vertrages miteinander die Interessen der Staatsfinanzen, denen an Einnahmen aus deutschen Leistungen gelegen sein muß, die Interessen der Eiseninduſtrie, welche nunmehr über die ergiebigsten Eisenerzvorkommen Mitteleuropas verfügt und Koks massenhaft und billig haben will, und die Interessen der französischen Kohlenproduzenten, welche gewinnreichen Absatz für ihre Kohle erstreben. Zeitweilig war der französische Markt durch deutsche Kohlenlieferungen und Verwertung der Saarkohle mit Kohle überfüllt. Bis 28. Februar 1922 seien nach Delaisi 28 751 000 Tonnen Kohle seit dem Waffenstillstand nach Frankreich von Deutschland geliefert worden. Das französische Kohlenbureau habe diese Kohle, für welche Deutschland 1 489 228 000 Franken angerechnet worden seien, für 2 623 263 000

Franken, also mit 1 134 035 000 Franken Profit, verkauft. Der Gewinn sei nicht den französischen Staatsfinanzen zugeflossen, sondern verwendet worden, um französischen Kohlenkäufern, die französische, britische, belgische Kohle über einen festgesetzten Satz beim Kauf bezahlen mußten (über dem Satz der „perêquation“), Vergütungen zu gewähren. Die französischen Kohlengruben erhielten hohe Preise; der französische Verbraucher kaufte billig, dank den empfangenen Zuschüssen. Seit Beginn 1921 herrschte eine Überfüllung Frankreichs mit Kohle, während Deutschland bitteren Mangel an Kohle litt. Für April bis Oktober wird in Frankreich der Normalpreis (perêquation) von 96 auf 82 Franken erniedrigt. Da die Nachfrage der französischen Abnehmer enttäuschte, exportiert Frankreich 1921 2 300 000 Tonnen Kohle. Nachdem man die Saarbergwerke für Deckung des französischen Kohlenbedarfes erlangt hatte, verwendet man nur einen Teil (3 448 000 Tonnen) Saarkohle von insgesamt 7 684 000 Tonnen im Jahre 1921 für Frankreich und verkauft den Rest nach Deutschland. Die französischen Kohlenverkäufe auf dem Weltmarkt aus den Lieferungen Deutschlands aber berühren die Interessen der britischen Kohlenproduzenten äußerst störend. Nicht minder wird die Entwicklung der französischen bestehenden Kohlengruben und die der kriegsgeschädigten, wiederherzustellenden französischen Kohlengruben gefährdet. Ihre Interessen ringen mit dem Konsumenteninteresse der französischen Eisenindustrie, welche auf Lieferungen von Ruhrkoks besteht und immer mehr ihre große Macht im Sinne der gewaltsamen Besetzung des Ruhrgebietes durch Frankreich geltend macht.

Und während Deutschland um Ermäßigungen der Kohlenlieferungen wiederholt nachsuchen muß und diese Lieferungen sogar durch Auslandskäufe decken möchte, was Frankreich nicht zugesteht, herrschte künstliche Preisbeeinflussungspolitik in Frankreich, so lange das Kohlenbureau bestand, und machte sich französische Schleuderkonkurrenz in Kohlen am Weltmarkte geltend. Zu diesem Widersinn ist ja später noch hinzugekommen, daß die durch die deutschen Kohlenlieferungen an Frankreich in ihrem Bedarf verkürzten Reichsbahnen 1922 Auslandskohle mit großen Valutaopfern einführen mußten. Es ist für Deutschland und die Welt verhängnisvoll geworden, daß nicht die wirtschaftliche Vernunft, sondern das Sonderinteresse und die imperialistischen Tendenzen der Schwereisenindustrie Frankreichs die ausschlaggebende Macht über die französische Politik errangen.

Auch im übrigen sind die Bestimmungen des Moratoriums vom 21. März 1922 im Zusammenhalt mit dem Abkommen der Alliierten vom 11. März 1922 bedeutsam für die deutschen Verpflichtungen geworden, wie eingehend die Broschüre „Die Reparationssachleistungen" von Ruppel und Cuntze (Berlin 1922) nachweist.

Nach dem Londoner Zahlungsplan, auf Grund des Ultimatums vom 5. Mai 1921, waren von Deutschland Annuitäten zur Verzinsung und Tilgung der Reparationsschuld zu leisten, die in Barzahlungen und je nach Anforderung in Sachleistungen zu erfüllen waren. Daneben hatte Deutschland für die Besatzungskosten aufzukommen. Weder die Besatzungskosten noch die außerdem zu leistenden Rücklieferungen bzw. Substitutionslieferungen waren auf die Annuitäten für Reparationen an sich anzurechnen. Die Neuerungen seit dem Moratorium und dem Abkommen der Alliierten vom März 1922 sind: die Leistung Deutschlands statt der Annuität für 1922 auf Reparationskonto wird auf 720 Millionen Goldmark bar und 1450 Millionen Sachleistungen vorläufig herabgesetzt; aber der nichterfüllte Teil der Annuität nach dem Londoner Zahlungsplan ist nicht erlassen, sondern nur gegen Zinsen gestundet. Die Leistung für 1922 in Sachlieferungen ist so gedacht, daß die alliierten Regierungen durch Optionen innerhalb der Gesamtsumme hiervon Gebrauch machen, und daß, wenn Frankreich seine Quote von 500 Millionen Goldmark Sachleistungen durch Optionen nicht erschöpft, der Rest eine — vorübergehende — Ersparnis für Deutschland bedeutet. Auf die Sachannuität für 1922 werden nicht nur die Lieferungen angerechnet, für die der Friedensvertrag eine Anrechnung auf Reparationskonto vorsieht, sondern auch sonstige Verpflichtungen aus Substitutionslieferungen für Rücklieferungen, gemäß einer Entscheidung der Reparationskommission vom 10. Mai 1922. Die Leistungen Deutschlands werden in erster Linie für die Deckung der Besatzungskosten, die auf 220 Millionen begrenzt werden, sowie für die Deckung der Substitutionsverpflichtungen verwendet, kommen also dem Reparationsschulddienst insoweit nicht zugute, ohne daß deshalb Deutschland in Verzug geraten wäre. Aber Deutschlands Verpflichtungen nach dem Londoner Zahlungsplan sind nicht erlassen, sondern nur hinausgeschoben. Praktisch ist der Erfolg, daß die Opfer Deutschlands dem unproduktiven Zweck der Besatzungskosten gewidmet bleiben und der Zweck des Wiederaufbaues der zerstörten Gebiete noch immer vereitelt wird.

Der Zahlungsplan nach dem Moratorium vom 21. März 1922 wird von der Reparationskommission in der englischen Broschüre I, 1922, S. 25, folgendermaßen als erfüllt und nicht erfüllt bis 30. April 1922 dargestellt:

| I. Barzahlungen. | | Goldmark |
|---|---|---|
| Bezahlt vor dem 21. März 1922 | | 282 454 540,19 |
| Bezahlt zwischen 22. März und 30. April 1922 | | 18 190 964,40 |
| Andere Gutschriften: | | |
| Als Barzahlung angerechnete Verkäufe von Sachlieferungen zwischen 1. November 1921 und 30. April 1922: | | |
| Kohlen | 10 783 828,10 | |
| Farbstoffe | 816 515,55 | 11 600 343,65 |
| Summe der Barzahlungen bis zum 30. April 1922 | | 312 245 848,24 |

II. Sachleistungen vom 1. Januar bis 30. April 1922 (einschließlich Einnahmen aus Repar. Recovery Act).

| Lieferungen | Frankreich | And. Alliierte | |
|---|---|---|---|
| Januar 1922 | 16 297 294,24 | 32 067 864,95 | |
| Februar 1922 | 10 402 072,32 | 19 069 905,12 | |
| März 1922 | 16 159 509,55 | 33 613 535,92 | |
| April 1922 | 19 109 462 98 | 50 250 952,76 | |
| Gesamtliefrgn. bis z. 30. April 1922 | 61 968 339,09 | 135 002 258,75 | 196 970 597.84 |
| Deutsche Gesamtleistungen | | | 509 216 446,08 |
| Restschuld in Sachleistungen | | | 1 253 029 402,16 |
| Restschuld in Barzahluugen | | | 407 754 151,76 |
| Gesamtverpflichtung | | | 2 170 000 000,00 |

Es bleiben nun noch die Forderungen zu betrachten, welche die Reparationskommission anläßlich der Gewährung des Moratoriums vom 21. März 1922 hinsichtlich deutscher finanzieller Reformen geltend gemacht hat[1]).

Die Reparationskommission beginnt mit der zutreffenden Feststellung, daß das deutsche Budget für 1922 bei der Ausführung sich wesentlich abweichend vom Voranschlag gestalten werde, wenn die Regierungsannahme, daß 45 Papiermark einer Goldmark entsprächen, sich nicht bewähren sollte. Sie hat hiermit leider sehr recht behalten. Im übrigen sind 12 Punkte hervorgehoben, in denen zum Teil sehr Richtiges, zum Teil aber auch Mißverständnisse über Deutschlands Lage begegnen:

---

[1]) Vgl. Reichstagsdrucksache 1920/22, Nr. 4140, S. 162 ff.

1. Der Ausgleich des für 1922 vorgesehenen Fehlbetrages müsse von Deutschland schleunigst durch Anleihe beim deutschen Kapital oder durch Abgabe geschafft werden. Daß eine freiwillige inländische Anleihe mit der deutschen Zwangsanleiheidee nicht verträglich ist, und daß vor allem eine Konsolidierung der die Inflation verursachenden unverzinslichen schwebenden Schuld erstes Bedürfnis sei, ist von der Reparationskommission anscheinend nicht erkannt worden.

2. Beschleunigung und rechtzeitige Durchführung der von der deutschen Regierung in Aussicht genommenen Einnahmesteigerungen wird verlangt.

3. Insbesondere soll Deutschland durch Steuervermehrung für 1922/23 mindestens 60 Milliarden Papiermark über die im Haushaltplan vorgesehene Einnahme hinaus aufbringen; mindestens vor 31. Mai 1922 soll dies bewilligt und in Kraft gesetzt und dafür gesorgt werden, daß die tatsächliche Erhebung von mindestens 40 Milliarden zusätzlichen Einnahmen vor Ende Dezember 1922 sichergestellt wird.

4. Die Quellen der Mehreinnahmen soll Deutschland aussuchen, hierbei aber die Möglichkeit prüfen, „ein System anzunehmen, nach welchem die Steuersätze sich automatisch nach der künftigen Vermehrung der Schuld der deutschen Regierung gegenüber der Reichsbank oder nach der Verminderung der Kaufkraft der Mark auf dem innerdeutschen Markte erhöhen würden". Dieser an sich interessante Gedanke der Anwendung des Indexsystems auf die Steuersätze hat zwar nachträglich 1923 praktischen Einfluß gewonnen, enthält aber unverkennbar sehr große Schwierigkeiten. Schon längst sind die Zölle beweglich nach dem Goldaufgeld. Man erwäge aber die Unsicherheit, welche sich hinsichtlich der Höhe der Umsatzsteuer und der inneren Verbrauchssteuern jeweils ergeben müßte, wenn sie nach einem Index von Tag zu Tag schwanken würden. Der Grundsatz der Bestimmtheit der Steuer, welcher seit Adam Smith zu den elementarsten Prinzipien vernünftiger Besteuerung gehört, wäre damit für Deutschland außer Kraft gesetzt.

5. Die Reparationskommission fordert, daß ihr unverzüglich alle Gesetze und Ausführungsbestimmungen hinsichtlich der Reichssteuern mitgeteilt werden. Diese Forderung hängt mit den beiden folgenden innig zusammen und ist als Konsequenz derselben zu begreifen.

6. Die Reparationskommission will nicht nur zur Beratung über die „Maßnahmen zur Anwendung der Steuer- und Tarifgesetzgebung Deutschlands" im Sinne des von ihr festgesetzten Programms zugezogen

werden, sondern eine fortdauernde Überwachung durch das Garantiekomitee ausüben.

7. Eine energische Verminderung der Ausgaben soll durchgeführt werden; bei Überschreitungen des Voranschlages soll die Reparationskommission unverzüglich Kenntnis erhalten. Sie beansprucht also Funktionen, welche an sich der Finanzminister in einem selbständigen Staat zu erfüllen hat.

Deutschland soll Reformen im Sinne der Überwachung der Ausgaben einführen. Dem ist durch den Entwurf einer Reichshaushaltsordnung [1]), welcher dem Reichstage am 9. Juni 1922 vorgelegt wurde, entsprochen worden. Die Reichshaushaltsordnung ist am 31. Dezember 1922 (R.Gbl. 1923 II, S. 17) Gesetz geworden.

8. Die wichtigste Forderung lautet: „Die deutsche Regierung soll vor dem 30. April 1922 einen Entwurf für die Ausgabe ihrer inneren Anleihen in anderer Form als der von der Reichsbank diskontierten Schatzanweisungen und in einem Betrage aufstellen, welcher genügt, um dem Fehlbetrage des Haushaltes bis zu dem Augenblick etwas gegenüberzustellen, in welchem der Haushalt mit Hilfe des Ertrages der Steuern ins Gleichgewicht gebracht werden kann." Hier ist in der Tat von der Reparationskommission die für Deutschlands finanzielle Gesundung wesentlichste Frage berührt worden. Eine richtige Lösung des Problems wäre ebensosehr für Deutschland selbst wie auch für Deutschlands Gläubiger eine Lebensfrage. Die Beschämung, daß die Reparationskommission eine zweckmäßigere Lösung dieses Problems, als sie bisher Deutschland fand, uns aufzwang, ist uns damals nicht zuteil geworden. Eine gründlich wirksame Lösung, insbesondere im Sinne der dringend nötigen Konsolidierung der bisherigen unverzinslichen schwebenden Schuld, scheint auch der Reparationskommission nicht vorgeschwebt zu haben; ebensowenig leider auch der Reichsbank und der Reichsfinanzverwaltung.

9. Die notwendige Voraussetzung einer Stabilisierung der deutschen Valuta und einer Konsolidierung der unverzinslichen schwebenden Reichsschuld war und ist eine auswärtige Anleihe. Von äußeren Anleihen spricht auch die Note der Reparationskommission. Jedoch begegnet hier immer die Konzentration auf das den Gläubigern Deutschlands nächstliegende Ziel: die Flüssigmachung eines Teiles der

[1]) Vgl. Reichstagsdrucksache 1920/22, Nr. 4510.

Reparationsschuld, die der Kommission baldigst erwünscht erscheint. Die Kommission betonte die Wichtigkeit einer Reparationsanleihe Deutschlands und erklärte sich bereit, im Falle des Nichtzustandekommens einer solchen im Einvernehmen mit der deutschen Regierung über eine Kapitalszahlung, insbesondere durch eine Abgabe auf die unbeweglichen und beweglichen Sachwerte Deutschlands, zu verhandeln. Es ist klar, daß vor dauernder Stabilisierung der deutschen Valuta, die ohne äußere Anleihe und ohne Konsolidierung der unverzinslichen schwebenden Schuld nicht erreichbar ist, die „Sachwertbesteuerung“ eine für die Reparation unergiebige Konfiskation deutschen Volksvermögens bedeuten würde. Der damalige deutsche Reichskanzler ist zwar auf den Gedanken einer auswärtigen Anleihe eingegangen; er nahm aber in Aussicht, daß ein Teil davon zur Regulierung der deutschen Valuta abgezweigt, der Rest zur Deckung der Reparationslast verwendet werde. So sehr beides einleuchtet, so ist doch anscheinend nicht mit der wünschenswerten Energie die Notwendigkeit der völligen Abbürdung der bisherigen unverzinslichen schwebenden Schuld als Voraussetzung künftiger gesunder Finanzwirtschaft des Reiches von deutscher Seite wie von der Reparationskommission bei den Erörterungen über eine Auslandsanleihe in den Vordergrund gestellt worden.

10. Die Reparationskommission fordert ferner ein Programm zur Bekämpfung mißbräuchlicher Kapitalausfuhr aus Deutschland.

11. Ein besonderes Interesse widmet die Reparationskommission der Frage der Autonomie der Reichsbank. Gewiß ist dem ja später durch deutsche Gesetzgebung entsprochen worden. Es scheint jedoch, daß die Reparationskommission hier formelle Dinge etwas überschätzt hat, wenn ihr auch der richtige Grundgedanke vorschwebte, daß eine energischere Initiative der Reichsbankleitung gegen die Inanspruchnahme von Banknotenkredit durch das Reich — verbunden mit positiven Maßnahmen einer wirksamen Kreditbeschaffung beim Sparkapital — eine der wichtigsten Fragen der deutschen finanziellen Zukunft sein mußte.

12. Endlich forderte die Reparationskommission Vervollkommnung der statistischen deutschen Veröffentlichungen.

In seiner Antwortnote vom 7. April 1922 hat der damalige Reichskanzler Dr. Wirth sich bereit erklärt, alle notwendigen Aufklärungen über die Finanzlage Deutschlands und über finanzielle Maßnahmen der Reparationskommission zu gewähren, jedoch mit Energie begreiflicherweise jede Kontrolle abgelehnt, „welche mit der deutschen Finanzhoheit nicht vereinbar ist". Er gab zu, daß bereits die Entwicklung der Devisenkurse die Finanzen und die Volkswirtschaft aufs äußerste gefährde, und regte an, daß Sachkenner, „die nicht lediglich den unmittelbar beteiligten Staaten angehören", die Fragen der deutschen Leistungsfähigkeit und die Schwere der deutschen Steuerbelastung im Vergleiche zu den Ententestaaten prüfen sollten. Für letztere Frage war bereits in Anlage I, Unteranlage 2 der deutschen Note vom 28. Januar 1922 der Reparationskommission Material unterbreitet worden. Eine Nachprüfung der Entscheidung der Reparationskommission vom 21. März 1922 erbat der Reichskanzler angesichts der Lage in Deutschland, mit Rücksicht auf Artikel 234 des Friedensvertrages. Den von der Reparationskommission am 21. März 1922 geforderten Garantien erklärte der Reichskanzler, soweit sie über sein Angebot vom 28. Januar hinausgingen, nicht zustimmen zu können. Die Forderung von 60 Milliarden neuen Steuern über das Steuerkompromiß hinaus sei nicht durchführbar. Dafür biete man die geplante Zwangsanleihe.

Vom 24. Mai bis 9. Juni 1922 beriet ein internationales Komitee von praktischen Bankleuten[1]), um die Frage zu prüfen, ob Deutschland unter Berücksichtigung der ihm durch den Friedensvertrag und den Zahlungsplan, gemäß dem Londoner Ultimatum vom 5. Mai 1921, auferlegten Bedingungen auswärtige Anleihen zur Ablösung eines Teiles der Kapitalschuld der Reparationen aufnehmen könne. Das Anleihekomitee fragte bei der Reparationskommission an, ob die Deutschland auferlegten Zahlungsbedingungen als unabänderliche Verpflichtung zu behandeln seien, oder ob das Komitee Freiheit habe, „die Möglichkeit von Lösungen zu prüfen, welche Abänderungen dieser Regelungen mit sich bringen". Ein Mehrheitsbeschluß der Reparationskommission, gegen den der französische Delegierte stimmte, bejahte die Freiheit des Anleihekomitees. In ihrem Bericht vom 10. Juni 1922 erklärten die versammelten Bankfachleute, daß an sich die Marktlage für eine solche Anleihe nicht ungünstig sei, daß aber zuerst Deutschland sich bemühen müsse, seine Finanzen auf gesicherte Grundlage zu stellen, und daß die Unsicherheit hinsichtlich der Reparationsverpflichtungen beseitigt werden müsse; endlich müsse zuerst Einmütigkeit unter Deutschlands Gläubigern, also unter den Siegerstaaten, existieren, die noch fehle. Da weitläufige Verhandlungen über eine große und langfristige

[1]) Vgl. Reichstagsdrucksache 1920/22, Nr. 4484, S. 34 ff.

Anleihe sich so lange hinausziehen könnten, daß inzwischen Deutschlands finanzielle Lage ernstlich bedroht sein könne, so sei es möglich, eine Interimsanleihe zu erwägen. Es komme aber vor allem auch auf das Verhalten der alliierten Regierungen an.

War somit aus dem seit 21. März 1922 zwischen der Reparationskommission und der deutschen Regierung erörterten Gedanken einer äußeren deutschen Reparationsanleihe nichts geworden, so wurden inzwischen die übrigen in dem Notenwechsel[1]) berührten Fragen nun weiter behandelt; charakteristisch ist, daß dabei auf beiden Seiten grundlegende neue Gedanken einer Lösung der ineinander verquickten Probleme: Budgetnot, Valutanot, Kreditnot nicht entwickelt wurden.

Vor und nach der internationalen Konferenz von Genua, die vom 3. bis 19. Mai 1922 stattfand und sehr tugendhafte und wahre Grundsätze, auch über die Schädlichkeit der Deckung von Defiziten durch Inanspruchnahme von Notenbankkredit[2]), der Welt wiederverkündet, im übrigen aber die Frage der deutschen Reparationen nicht neugeordnet hat, spielte sich vom 13. April 1922 ab ein Notenwechsel zwischen der Reparationskommission und dem deutschen Reichskanzler ab, der an die im Zusammenhang mit dem Zahlungsaufschub vom 21. März 1922 gepflogenen Verhandlungen anknüpfte und folgendes Wesentliche enthielt[3]):

Die Kommission hielt daran fest, daß eine Steuervermehrung über das vom Reichskanzler zugestandene Maß zur Wiederherstellung des Gleichgewichts im Reichshaushalte wie auch zur Erlangung des für Anleihen nötigen Vertrauens erfordert werde. Auf die Vorfrage der Abbürdung der schwebenden Schuld durch Kreditaufnahme kommt sie immer noch nicht zu sprechen.

Der Reichskanzler Dr. Wirth sagt am 28. Mai 1922 zu, daß der Stand der schwebenden Schuld vom 31. März 1922 von jetzt ab als „der normale Höchstbetrag“ gelten solle. Nach dem Statistischen Jahrbuch für das Deutsche Reich 1921/22 (S. 367) hat der Bestand an unverzinslichen Schatzanweisungen am 31. März 1922 271,9 Milliarden Mark betragen.

[1]) Vgl. zum folgenden den Nachtrag zu dem Weißbuch „Aktenstücke zur Reparationsfrage vom Mai 1921 bis März 1922“ vom 14. Juni 1922. Reichstagsdrucksache 1920/22, Nr. 4484.

[2]) Vgl. Reichstagsdrucksache 1920/22, Nr. 4378, S. 73, Entschließung 7.

[3]) Vgl. Reichstagsdrucksache 1920/22, Nr. 4484. Nachtrag zu dem Weißbuch „Aktenstücke zur Reparationsfrage vom Mai 1921 bis März 1922“.

Bei Überschreitung des normalen Höchstbetrages solle binnen drei Monaten nach Quartalsschluß jeweils die Überschreitung aus Einnahmeüberschüssen gegenüber den laufenden Ausgaben oder durch eine Kreditaufnahme, die außerhalb der Reichsbank stattfindet und nicht die Inflation erhöht, zurückbezahlt werden. „Wenn trotz dieser Schritte der Betrag der schwebenden Schuld am Ende der drei Monate noch den normalen Höchstbetrag überschreitet, wird die deutsche Regierung alsbald Vorschläge für den Ausbau des Steuersystems einbringen und alles tun, um ihre Annahme im Wege der deutschen Gesetzgebung zu erreichen mit dem Ziel, daß noch in dem jeweils laufenden Rechnungsjahr oder, wenn davon mehr als die Hälfte abgelaufen ist, binnen sechs Monaten ein Betrag beschafft wird, welcher nicht geringer ist als die bereits vorhandene und jede bis zum Ende des Rechnungsjahres voraussichtlich noch weiter entstehende Überschreitung."

Hierzu werden zwei Einschränkungen hinzugefügt, die im folgenden wegen ihrer Wichtigkeit wörtlich wiedergegeben werden:

a) „So lange noch keine Eingänge aus auswärtigen Anleihen zur Verfügung stehen, um die von der deutschen Regierung in Erfüllung von Verpflichtungen auf Grund des Vertrages von Versailles seit dem 1. April 1922 in ausländischen Zahlungsmitteln geleisteten Zahlungen zu decken, wird für die Feststellung, ob und inwieweit eine Überschreitung des normalen Höchstbetrages vorliegt, ein Betrag in Höhe des Papiermark-Gegenwertes der vorläufig auf diese Weise nicht gedeckten Gesamtheit der genannten Zahlungen dem Stande der schwebenden Schuld vom 31. März 1922 hinzugerechnet.

b) Alle Eingänge aus auswärtigen Anleihen sollen zur völligen Rückzahlung dieses zum normalen Höchstbetrage hinzugerechneten Betrages verwandt werden, und zwar mit Vorrang vor allen anderen Verwendungszwecken, vorbehaltlich der auf Grund des Vertrages von Versailles in ausländischen Zahlungsmitteln zu begleichenden Verbindlichkeiten und solcher anderen Lasten, hinsichtlich deren die Reparationskommission auf Ersuchen der deutschen Regierung ihre Zustimmung besonders erteilt."

Tatsächlich ist seitdem die unverzinsliche schwebende Schuld und damit die Inflation so sehr wie nie zuvor gestiegen, und zwar Ende Dezember 1922 bis auf über 1494 Milliarden Mark, wobei allerdings Zahlungen aus dem Versailler Frieden in hohem Maße eine Rolle gespielt haben. Es muß zur Ehre der deutschen Regierung angenommen werden, daß bei Abgabe der sehr verklausulierten Sperrverpflichtung hinsichtlich der schwebenden Schuld diese Gefahren nicht vorausgesehen wurden. Dann kann aber den finanziellen Ratgebern der damaligen Regierung nicht der Vorwurf erspart werden, daß ihnen überhaupt nicht die Notwendigkeit der schleunigen Abbürdung der bestehenden unverzinslichen schwebenden Schuld und ein brauchbarer Weg hierzu klar vorschwebte; ein weiteres Bedenken besteht darin, daß man bei Abgabe der Erklärung nicht deutlich genug die verhängnisvoll wirkende unverzinsliche von der harmloseren verzinslichen schwebenden Schuld, die nicht inflationswirkend zu sein braucht, schied; endlich, daß man nicht gegenüber der Reparationskommission betonte, zur Valutastabilisierung komme es nicht nur darauf an, weiterer Vermehrung der schwebenden unverzinslichen Schuld und Banknotenausgabe Einhalt zu tun, sondern vor allem die bisherige schwebende unverzinsliche Schuld zu konsolidieren. Letzteres zu betonen hätte vor allem der Reichsbank nahe liegen müssen. In der zukünftigen Geschichtsschreibung wird man — wie zu befürchten ist — in der Erklärung der Reichsregierung vom 28. Mai 1922 nur einen Versuch, sich formal gegen Kritik der Inflationswirtschaft zu decken, aber nicht einen Beweis vorausschauender konstruktiver Politik erblicken. Gerechterweise muß allerdings hinzugefügt werden, daß damals und in der Folge sich die deutsche Regierung in wirklich verzweifelter Lage befunden hat und — den allerschwierigsten Problemen gegenüberstehend — fortwährend Vorwürfen Frankreichs wegen angeblich vorsätzlicher Nichterfüllung, angeblicher absichtlicher Schädigung der deutschen Valuta und Drohungen mit Einmarsch und Pfandwegnahmen ausgesetzt war. Eine verzweifelte Lage führte zu einer verzweifelten Politik.

Auf die Wünsche der Reparationskommission hinsichtlich der Autonomie der Reichsbank und der Reformen der Statistik ging die deutsche Regierung ein; sie erklärte sich auch bereit, bezüglich der weiteren Bekämpfung der Kapitalflucht mit der Reparationskommission zu verhandeln. Was die geforderte Ausgabeeinschränkung anging, wies die deutsche Regierung auf erzielte Fortschritte hin; ebenso betonte sie, daß nach erneuter Schätzung der deutschen Steuern, einschließlich des Steuerkompromisses, sich die für 1922 zu erwartenden Einnahmen im Reichshaushalt günstiger als angenommen gestalten würden. Im übrigen setzte sie besondere Hoffnungen auf die Zwangsanleihe.

Die Reparationskommission mahnte in ihrer Antwort[1]) vom 14. Juni 1922 besonders dazu, die Maßnahmen vorzubereiten, um der Papierwirtschaft abzuhelfen, und fügte die nicht unbegründete Warnung hinzu, daß beim Unterlassen von Maßnahmen gegen die Inflation zu befürchten sei, „daß die Opfer, welche jetzt von den deutschen Steuerzahlern gefordert werden, um ein weiteres Anwachsen der schwebenden Schuld zu verhindern, den damit beabsichtigten Zweck nicht erreichen".

Ehe die weitere Entwicklung der Verhandlungen zwischen Reparationskommission und Reichsregierung und das weitere Schicksal der deutschen Valuta betrachtet wird, muß hier eines neuen Gedankens Erwähnung getan werden, der sich durchsetzte, seitdem der deutsche Minister Dr. Rathenau mit dem französischen Minister Loucheur im Oktober 1921 das Wiesbadener Abkommen zustandebrachte[2]). Es folgten auf das Wiesbadener Abkommen vom 6. Oktober 1921, welches zwischen der deutschen und der französischen Regierung abgeschlossen wurde, folgende weitere Vereinbarungen, die einem ähnlichen Grundgedanken entsprangen:

1. das auf Anregung der Reparationskommission zwischen dem Belgier Herrn Bemelmans, als Vertreter der Reparationskommission, und dem Vertreter der deutschen Regierung, Herrn Cuntze, am 2. Juni 1922 abgeschlossene „Cuntze-Bemelmans-Abkommen" über freien Sachlieferungsverkehr und

2. das am 15. März 1922 abgeschlossene und am 3. Juni 1922 ergänzte Abkommen zwischen dem Vertreter der deutschen Regierung, Herrn Dr. Ruppel, und dem Vertreter der französischen Regierung, Herrn Gillet, das „Ruppel-Gillet-Abkommen".

---

[1]) Der gesamte Notenwechsel findet sich auch wiedergegeben in der englischen Broschüre Reparation Commission III. Official documents relative to the amount of payments to be effected by Germany under Reparations account. London 1922, Vol. I (May 1, 1921—July 1, 1922).

[2]) Vgl. Reichstagsdrucksache 1921, Nr. 2792, über die Wiesbadener Protokolle vom 6. Oktober 1921, betreffend deutsche Sachlieferungen an Frankreich, und vom 7. Oktober 1921, betreffend die Rücklieferungen und die Vieh- und Kohlenlieferungen an Frankreich, sowie den Notenwechsel vom 7. Oktober 1921, ferner lehrreiche eingehende Darstellung bei Julius Ruppel und Albert Cuntze, Die Reparationssachleistungen. Ein Kommentar zu dem Wiesbadener, dem Cuntze-Bemelmanns- und dem Ruppel-Gillet-Abkommen. Berlin 1922. Vgl. auch die englische Broschüre: Reparation Commission II. Agreements concerning deliveries in kind to be made by Germany under the heading of Reparations. London 1922.

Eine Vereinbarung auf Grund der durch die verschiedenen deutsch-französischen Regierungsabkommen geschaffenen Grundsätze zwischen dem Vertreter der Genossenschaften der französischen Kriegsgeschädigten im Wiederaufbaugebiet, Herrn Marquis de Lubersac, und einer deutschen Lieferungsorganisation, vertreten durch Herrn Hugo Stinnes, ist das „Stinnes-Lubersac-Abkommen" vom 4. September 1922.

Die Grundidee, um die es sich bei diesen Einvernehmen handelte, war, an Stelle des sogenannten „gebundenen" Sachlieferungsverkehrs zwischen der deutschen Regierung und den durch die Reparationskommission vertretenen alliierten Regierungen einen freien Verkehr zwischen alliierten Bestellern und deutschen Lieferanten in privatrechtlichen Formen treten zu lassen.

Nach dem Londoner Zahlungsplan vom 5. Mai 1921 waren die Deutschland auferlegten Annuitäten entweder in bar oder, soweit Optionen alliierter Regierungen auf Sachlieferungen geltend gemacht wurden, in solchen von Deutschland zu leisten. Außer den nach Friedensvertrag Anlage IV, Teil VIII, zur Wiederherstellung kriegsgeschädigter Gebiete stattfindenden Sachlieferungen hatte aber Deutschland noch die nach Anlage III [1]), V [2]), VI [3]), Teil VIII des Versailler Friedens geschuldeten „Pflichtlieferungen", bei denen es sich nicht um Optionen, sondern um Leistungen von vorgeschriebener Art und Menge handelt, zu vollziehen. Zu ihnen können „freiwillige" [4]), nach Friedensvertrag Teil VIII, Anlage II, § 19, hinzutreten; zu ihnen gesellen sich ferner noch die „Rücklieferungen" des Artikels 238, an deren Stelle faktisch immer mehr Ersatzlieferungen traten, sowie „besondere Lieferungen" nach Artikel 245 und 247.

Bei den Reparationssachlieferungen im Gegensatz zu den übrigen angeführten Fällen von Sachlieferungen — handelte es sich einerseits um die sogenannten Pönalieferungen, die durch das Zusatzabkommen vom 16. Januar 1919 zum Waffenstillstandsabkommen an die Stelle der zusätzlich geforderten Eisenbahnwagen und Lokomotiven landwirtschaftliche Maschinen umfaßten, ferner um Viehlieferungen, bezüglich deren, in Abänderung der Rücklieferungen, Ersatzleistungen

[1]) Seehandelsschiffe, Flußschiffe.

[2]) Kohlen und Kohlenderivate.

[3]) Farbstoffe und chemisch-pharmazeutische Erzeugnisse.

[4]) Anzahlungen auf festgestellte Schadenersatzansprüche, die von der Reparationskommission in beweglichen oder unbeweglichen Sachen, Rechten usw. entgegengenommen werden.

vereinbart worden sind [1]), endlich um die Lieferungen von Stoffen und Fabrikaten für den Wiederaufbau zerstörter Gebiete. So lange diese Lieferungen von Regierung zu Regierung betätigt wurden, stellten sich viele Schwierigkeiten in den Weg. Immerhin haben die auf Verlangen der alliierten Regierungen im „gebundenen Verkehr", auf Anfordern von Staaten, von Deutschland betätigten Sachlieferungen schon bis Ende Juni 1922 — mit Ausnahme der Lieferungen von Tieren — bereits folgende Werte [2]) dargestellt:

| | Anforderungen | | Lieferungen | Angemeldete Gutschriften |
|---|---|---|---|---|
| | in Papiermark | in Goldmark | in Papiermark | in Goldmark |
| Frankreich | 589 513 806 | 18 519 367 | 175 907 755 | 7 624 845 |
| Belgien | 1 064 102 528 | 31 281 783 | 415 524 501 | 13 647 256 |
| Italien | 1 496 052 824 | 27 190 045 | 70 108 885 | 5 587 804 |
| Jugoslavien | 6 933 627 787 | 122 823 656 | 459 650 334 | 33 147 705 |
| Griechenland | 101 493 645 | 1 266 557 | 318 610 | 819 630 |
| insgesamt: | 10 184 790 590 | 201 081 408 | 1 121 510 085 | 60 827 240 |

[1]) Nach der deutschen Regierungsdenkschrift: Die Durchführung des Versailler Vertrages vom 10. Januar 1920 bis zum 10. Januar 1922, S. 36/37, ist das Protokoll B über Rücklieferungen von Vieh vom 27. Dezember 1920 durch besondere Vereinbarungen nachträglich dahin abgeändert worden, daß — zwecks Ablösung der deutschen Verpflichtungen auf Rücklieferung von identifizierten Tieren — im Interesse der Vermeidung von schwersten Störungen des deutschen Wirtschaftslebens Ersatzlieferungen (Substitutions- statt Restitutionsverpflichtungen) traten, und zwar:

| | | | |
|---|---|---|---|
| an Belgien (bis 30. Juni 1922) | von | 8 000 | Pferden |
| an Polen (im Jahre 1921) | „ | 9 415 | „ |
| „ „ ( „ „ 1922) | „ | 12 850 | „ |
| „ „ ( „ „ 1923) | „ | 12 935 | „ |
| „ Italien | „ | 5 000 | „ |
| „ „ | „ | 1 000 | trächtigen Färsen |
| „ Rumänien (bis 9. Juni 1922) | „ | 5 050 | Pferden, |

ferner Lieferung von Waren zu Lasten eines Kredits in Höhe von 20 Millionen Papiermark, an Serbien Lieferung von Waren zu Lasten eines Kredits von 60 Millionen Papiermark. Nach dem Wiesbadener Abkommen vom 7. Oktober 1921 gelten die gesamten Reparations- und Restitutionsverpflichtungen auf Tierlieferungen an Frankreich — bis auf eine Reparationslieferung von 13 000 Pferden — als abgefunden durch Lieferung von 62 000 Pferden, 25 000 Rindern, 25 000 Schafen (darunter 50 Böcken), 40 000 Bienenvölkern in Körben. Über die Reparationslieferungen an Vieh und die Ersetzung von Milchkühen durch Geflügel, Ziegen, Wild usw. ebenda S. 43/44.

[2]) Vgl. Ruppel und Cuntze, a. a. O. S. 22.

Im wesentlichen war auf Grund von Listenanmeldungen ein verwickeltes behördliches Verfahren erforderlich; die Bewertung der deutschen Sachleistungen erfolgte durch die Reparationskommission. Während Belgien und Italien, vor allem aber Jugoslawien von diesen Optionen reichlichen Gebrauch machten, verhielt sich Frankreich hier zurückhaltend. Vielleicht weil es Rücksichten auf seine Industrie zu nehmen wünschte, vielleicht weil es durch Entgegennahme bedeutender Werte in Sachlieferungen, unter dem Londoner Zahlungsplan, Ansprüche auf Barzahlungen einbüßte und letztere Form der Leistungen vorzog, besonders solange Besatzungskosten und nicht Wiederherstellungsaufwendungen aus den deutschen Leistungen bestritten werden.

Die deutsche Regierung wünschte sehnlich, daß mehr als in Devisenzahlungen in Sachlieferungen erfüllt werden könne, erstens, um die dringliche Nachfrage nach Devisen und die davon ausgehende preissteigernde Wirkung zu vermeiden, und zweitens aus rein finanziellen Erwägungen, da zeitweilig vor der Anpassung der deutschen inneren Preise an das Weltmarktniveau der Einkauf von Sachgütern in Papiermark weniger kostete, als die Gutschrift in Goldmark einbrachte. Endlich erschien es politisch und aus Menschlichkeitsgründen geboten, auf Beschleunigung der Wiederherstellung in den zerstörten Gebieten Deutschlands so eifrig als möglich mithinzuwirken.

Belgien [1]) war bereits, angesichts der Schwerfälligkeit des „gebundenen Verkehrs" bei Option von Sachlieferungen zum Wiederaufbau, selbständig vorgegangen und hatte seine Staatsangehörigen veranlaßt, mit deutschen Lieferanten seit Ende 1921 in private Verträge einzutreten, wobei die beiden Regierungen dann in diese Verträge eintraten (sogenannter „kontrolliert freier Verkehr").

Weiter ging das Wiesbadener Abkommen, das Cuntze-Bemelmans- und das dessen Grundsätze auf den französisch-deutschen Sachlieferungsverkehr ausdehnende Ruppel-Gillet-Abkommen.

Private Verträge zwischen den Organisationen der Kriegsgeschädigten und — im Falle des Wiesbadener Abkommens schließlich — mit dem deutschen Reichskommissar, in den späteren Abkommen unmittelbar mit deutschen privaten Lieferantenorganisationen,

---

1) Vgl. Cuntze und Ruppel, a. a. O. S. 22.

setzten Art und Menge und Preis der Wiederaufbaulieferungen fest. Allerdings mußte die Genehmigung der deutschen Regierung und der Reparationskommission erlangt werden. Bei dem Wiesbadener Abkommen waren noch besondere Abreden für den Fall getroffen, daß die Frankreich geleisteten Sachlieferungen seine Jahresquote an den Annuitäten überstiegen. Um Herauszahlungen Frankreichs an seine Alliierten zu vermeiden, war hier ein Stundungssystem der deutschen Leistungen bis zur endgültigen Gutschrift auf die Annuitäten vorgesehen.

Seit dem Moratorium vom 21. März 1922 hat sich die Sachlage insofern verschoben, als nunmehr die Barzahlungen Deutschlands fixiert sind und ihnen Sachlieferungen gegenübergestellt sind, die entweder als solche von den Alliierten ausgenützt werden müssen oder für das Jahr zugunsten Deutschlands verfallen [1]). Das Interesse sämtlicher in Betracht kommender Alliierter an Ausnutzung der Sachlieferungen ist dadurch wesentlich gesteigert worden.

Ein großer Fortschritt ist bei all diesen Abkommen, daß über Streitigkeiten hinsichtlich der Preise feste Grundsätze oder ein Schiedsgericht entscheiden, nicht mehr bloß das Ermessen der Reparationskommission.

Die Anwendungsgebiete der verschiedenen Bestimmungen gliedern sich nach der von Cuntze und Ruppel gegebenen Übersicht [2]) folgendermaßen:

a) Frankreich bezieht nach wie vor Sachlieferungen, die nicht für den Wiederaufbau zerstörter Gebiete bestimmt sind, z. B. an Kohlen und Farbstoffen im „gebundenen Verfahren" des Versailler Friedensvertrages. Für Lieferungen zum Wiederaufbau zerstörter Gebiete kommt der „freie Verkehr" des Cuntze-Bemelmans- und des Ruppel-Gillet-Abkommens in Betracht, soweit es sich nicht um Waren handelt, die auf der sogenannten „negativen Liste" stehen, sonst das Wiesbadener Abkommen, dessen praktische Anwendung damit sehr eingeschränkt ist.

b) Für Länder, die dem Cuntze-Bemelmans-Abkommen beitreten, kommt der Bezug im freien Verkehr im Sinne dieses Abkommens so

---

[1]) Diese Bedeutung des Moratoriums ist bei Cuntze und Ruppel a. a. O. S. 36 ff. auseinandergesetzt.

[2]) a. a. O. S. 45 ff.

weit in Betracht, als die Waren nicht auf der „negativen Liste" stehen; für letztere nach wie vor das Verfahren des Versailler Friedens.

c) Für Länder, die dem Cuntze-Bemelmans-Abkommen nicht beitreten, bleibt es bei allen Waren bei dem „gebundenen Verkehr" des Versailler Friedensvertrages.

Vom Standpunkte der deutschen Valuta ist es zunächst einleuchtend, daß, falls sich die geschilderten Sachlieferungsverfahren im freien Verkehr stark entwickeln sollten, dringlichste Nachfrage am Devisenmarkt, nicht im bisherigen Maße entfaltet werden muß. Andererseits bleibt, wenn Deutschland mit Papiermark die Zahlungen begleicht und daneben die Lasten für Besatzungskosten, die Lasten der Barzahlungen aus den Annuitäten, die Lasten des Ausgleichsverfahrens fortbestehen, die Valuta so lange notleidend, als wir mit unverzinslichen, bei der Reichsbank diskontierten Schatzscheinen die Zahlungen decken. Das Problem bleibt also auch künftig im besten Falle die Abbürdung der unverzinslichen schwebenden Schuld, die Stabilisierung der Mark, die Herbeiführung eines wieder gesicherten freiwilligen Kredits und eines Gleichgewichtes im öffentlichen Haushalt. Notleidend sind im Laufe des Jahres 1922 nicht nur der mit Goldmarkzahlungen belastete Reichshaushalt, sondern auch die Haushalte der Länder — trotz hoher Forsteinnahmen — und die Gemeindehaushalte geworden, und zwar weil sich die Entwertung der Papiermark gegen Gold und die Teuerung in Deutschland auswirkte und fortwährende Erhöhung der Personalausgaben, bald auch der Materialkosten mit sich brachte. Von Ende März 1922 bis Ende November 1922 stieg die unverzinsliche diskontierbare Reichsschuld von 271,9 auf 838,9 Papiermilliarden, um Ende Dezember 1922 1494,9 Milliarden zu erreichen. Der Bestand der Reichsbank an diskontierten Reichsschatzscheinen und sonstigen Vorschüssen zugunsten des Staates betrug am 30. Dezember 1922 bereits 1 184 464 Millionen, ihr Umlauf an Noten 1 280 095, die Summe ihrer stets fälligen Verbindlichkeiten 530 526 Millionen. Zum Notenumlauf treten noch die Darlehenskassenscheine hinzu. Telegraphische Auszahlung Newyork in Berlin, die im Durchschnitt 1920 noch 63,06, 1921 104,57 Mk. pro Dollar gekostet hatte, notierte im November 1922 durchschnittlich 7 183,10, im Dezember 1922 durchschnittlich 7589,30, Ende Januar 1923 49 000 Mk. pro Dollar.

Die deutsche Großhandelsindexziffer des reichsstatistischen Amtes betrug gegen 1 im Jahre 1913

| | im November-durchschnitt 1922 | am 25. Januar 1923 |
|---|---|---|
| für Lebensmittel | 1033,5 | 2764,4 |
| für Industriestoffe | 1370,8 | 4262,0 |
| für 16 Inlandswaren | 952,9 | 2871,7 |
| für 22 Einfuhrwaren | 2141,5 | 5359,5 |
| Gesamtindexziffer: | 1151,0 | 3286,3 |

Dementsprechend stiegen die Personal- und Materialausgaben. Bei der zunehmenden Teuerung im Laufe des Jahres 1922 fing sich die bisherige Spannung zwischen dem inländischen Preis in Papiermark und dem Weltmarktpreis immer mehr zu verflüchtigen an; in gewissen Branchen wurde der Weltmarktpreis erreicht oder sogar überschritten.

Entsprechend den geschilderten Schwierigkeiten ergab sich im Sommer 1922 für die deutsche Reichsregierung die Notwendigkeit, der Reparationskommission anzuzeigen, daß sich die Erfüllung der vorgeschriebenen Zahlungen nicht durchführen lasse; es folgen einander verschiedene deutsche Gesuche um Moratorien.

Im August 1922 lehnte die Reparationskommission mit den Stimmen Frankreichs und Belgiens gegen die Stimme Englands und unter Stimmenthaltung Italiens das Gesuch Deutschlands um Stundung der bis Ende 1922 fälligen Zahlungen von 270 Millionen Goldmark ab, nahm aber einen belgischen Kompromißvorschlag an. Belgien hatte ein Prioritätsrecht auf diese deutschen Zahlungen. Es wurde abgefunden, indem von Belgien deutsche Reichsschatzwechsel mit 6 Monate Laufzeit, und zwar in drei Raten von je 50 Millionen Goldmark am 15. August, 15. September, 15. Oktober 1922 und in zwei Raten von je 60 Millionen Goldmark am 15. November und 15. Dezember 1922 als Zahlung angenommen wurden. Für die Diskontierung dieser Wechsel ist durch Zusammenwirken der deutschen Reichsbank mit der Bank von England gesorgt worden [1]). Die Verpflichtungen aus den deutschen Goldwechseln sind seitdem in dem Ausweisposten der schwebenden

[1]) Vgl. Anlage XX zum 7. Nachtrag zum Reichshaushaltsplan für 1922, Erläuterung zu ord. Haushalt XVII, Kap. 6 Tit. 1, auf S. 5. und zu Kap. 6 Tit. 7 auf S. 7. Weitere amtliche Dokumente hierüber sind mir nicht bekannt. Ich stütze mich auf die Frankf. Zeitung, II. Mbl., Nr. 616 vom 1. September 1922, II. Mbl., Nr. 669 vom 21. September und Abendbl. Nr. 719 vom 9. Oktober 1922. Die Summe der an Belgien begebenen Schatzwechsel einer Rate wird darin auf 96 Millionen Goldmark, die Gesamtleistung auf 100 Millionen Goldmark angegeben, indem restliche 4 Millionen anderweit gedeckt worden seien.

Reichsschuld „Verpflichtungen aus Schatzanweisungen und Schatzwechseln“ neben der diskontierbaren unverzinslichen Schuld nachgewiesen.

Neben den Reparationszahlungen und Besatzungskosten lastet auf den deutschen Finanzen die Verpflichtung zur Deckung jeweiliger Passivsaldi aus dem Ausgleichsverfahren des Versailler Friedens. Während Deutschland etwaige Aktivsaldi nicht ausbezahlt, sondern nur auf die Reparationsschuld angerechnet bekommt, muß es die Passivsaldi umgehend decken. Es ergaben sich Schwierigkeiten, die am 21. Oktober 1922 durch ein Abkommen des deutschen Reichsausgleichsamtes mit den alliierten Ausgleichsämtern[1]) dahin geregelt wurden, daß bis zum 10. Juli 1923 Deutschland von sämtlichen Barzahlungen im Ausgleichsverfahrungen befreit wurde und die noch ungedeckten Debetsaldi, welche auf 24,2 Millionen geschätzt wurden, durch Schatzanweisungen deckte, welche in monatlichen Teilbeträgen — von 300 000 auf 500 000 ansteigend — vom 10. Juli 1923 bis 10. November 1928 fällig sind.

An ein erneutes Moratoriumsgesuch, welches der Reichskanzler Dr. Wirth im Spätherbst 1922 an die Reparationskommission richtete, knüpften sich Vorgänge von großer Tragweite, die jetzt zu betrachten sind.

Die deutsche Regierung lud am 16. Oktober 1922 sieben ausländische Sachverständige, den englischen Bankier R. H. Brand, den schweizerischen Bankpräsidenten Dubois, den niederländischen Bankpräsidenten Dr. Vissering und den in verschiedenen Banken beteiligten Bankpräsidenten Kamenka, ferner den schwedischen Professor Cassel, den englischen Professor Keynes und den amerikanischen Professor Jenks nach Berlin zu einer Konferenz. Diese Konferenz begann am 2. November 1922 unter Zuziehung deutscher Sachverständiger als Auskunftspersonen. Da eine Stabilisierung der Mark als notwendig bezeichnet worden war, ehe sich die Reparationskommission mit dem deutschen Moratoriumsgesuch befassen könne, so wurden die ausländischen Sachverständigen gebeten, sich über folgende Fragen zu äußern:

---

[1]) Über die Vorgeschichte und den Wortlaut des Abkommens vgl. die Denkschrift über die Zahlungen im Ausgleichsverfahren vom 4. Dezember 1922 (Reichstagsdrucksache 1920/21, Nr. 5304).

1. Ist unter den gegenwärtigen Umständen eine Stabilisierung der Mark möglich?

2. Wenn nein: welche Voraussetzungen müssen geschaffen werden, um eine Stabilisierung zu ermöglichen?

3. Welche Maßnahmen müssen zur Stabilisierung getroffen werden, sobald die Voraussetzungen vorliegen?

Nachdem die Sachverständigen vom 2. bis 8. November 1922 in Berlin getagt hatten, erstatteten sie ihre Berichte, und zwar die Theoretiker Cassel, Jenks, Keynes gemeinsam mit dem englischen Bankier Brand einen Bericht vom 6./7. November, die Bankpräsidenten Vissering, Dubois, Kamenka einen Bericht vom 8./9. November [1]). Über die Frage der Intervention eines internationalen Syndikats zur Stabilisierung der Mark haben sich dann noch die Herren Vissering und Dubois, sowie Herr Brand am 7. November 1922 auf Wunsch des Reichsfinanzministers geäußert.

Angesichts der Bedeutung der befragten hervorragenden Fachleute ist eine eingehendere Betrachtung dieser Gutachten unerläßlich.

Der Mehrheitsbericht und der Minderheitsbericht stimmen darin überein, die Frage zu verneinen, ob unter den gegenwärtigen Umständen eine Stabilisierung der Mark möglich sei. Der Mehrheitsbericht begründet dies mit dem Hinweis auf die Wirkungen der deutschen Finanzpolitik in der Kriegs- und Nachkriegszeit und auf die Lasten aus dem Versailler Vertrag. Der Minderheitsbericht erklärt nur eine „dauernde" Stabilisierung der Mark für unmöglich, so lange

1. „der Papierinflation, deren gegenwärtige Hauptursache das Defizit des deutschen Reichshaushaltes und der Staatsbetriebe ist, nicht Einhalt geboten wird", und

2. „die Zahlungsbilanz infolge des Einfuhrüberschusses, der Kapitalflucht ins Ausland, der Abneigung gegen die Mark im Inland und der Sachlieferungen und Barzahlungen für die Reparationen passiv bleibt".

Auf die zweite Frage, welche Voraussetzungen geschaffen werden müßten, um eine Stabilisierung zu ermöglichen, weist der Minder-

[1]) Diese beiden Gutachten werden im folgenden bezeichnet werden als Mehrheitsbericht und Minderheitsbericht. Vgl. zum folgenden die Denkschrift des Auswärtigen Amtes „Gutachten der internationalen Sachverständigen über die Stabilisierung".

heitsbericht auf die Schädlichkeit der Ausgabedeckung durch Aufnahme schwebender Schulden bei der Notenbank hin und fordert Ausgleichung des Reichshaushaltes durch Anstrengungen Deutschlands, und zwar im einzelnen: 1. Einschränkung der Ausgaben durch strengste Sparsamkeit und Verringerung des Staatspersonals, sowie Abbau der Ernährungszuschüsse; 2. Erschließung neuer Einnahmequellen, wenn die Einnahmen zur Ausgabedeckung nicht ausreichen; 3. Entlastung des außerordentlichen Haushaltes von vermeidbaren oder verschiebbaren Kapitalinvestierungsausgaben. Endlich dürfte der außerordentliche Reichshaushaltsplan nicht Voranschläge für Reparationszahlungen enthalten, die die etwaigen Überschüsse aus den Einnahmen des ordentlichen Reichshaushaltes übersteigen. Außerdem müsse für eine endgültige Stabilisierung der Mark erreicht werden, daß die Zahlungsbilanz nicht mehr ungünstig für Deutschland sei. Die ungünstige Zahlungsbilanz, für deren Beurteilung der Mangel zuverlässiger Handelsbilanzziffern eine Schwierigkeit bilde, wird von der Minderheit zurückgeführt 1. auf das Nachlassen der Ausfuhr, welches durch verringerte Produktionskraft und durch Hindernisse sich erkläre, die das Ausland der Einfuhr deutscher Waren entgegensetzte; 2. auf die abnorme Entwicklung der Einfuhr (vorübergehender Getreidemehrbedarf bei schlechter Ernte, Kohleneinfuhrbedarf infolge der Kohlenlieferungen an die Alliierten, „Loch im Westen", Aufstapeln von Sachwerten bei mangelndem Vertrauen in die Papiermark; 3. auf die mit den Valutazuständen und der Steuerhärte zusammenhängende Kapitalflucht ins Ausland; 4. auf die Höhe der Reparationszahlungen in bar und in Sachlieferungen. Insbesondere sei Gewährung eines Moratoriums für einen hinreichend langen Zeitraum demgemäß Vorbedingung für eine Stabilisierung der Mark.

Der Mehrheitsbericht erachtet ebenfalls eine Atempause in der Erfüllung der Pflichten aus dem Vertrage von Versailles als eine notwendige Bedingung für dauernde Stabilisierung der Mark und fordert mindestens Befreiung Deutschlands für zwei Jahre von Barzahlungen und Sachlieferungen aus dem Vertrage. Es wird hier scharf formuliert: „Wegen der äußeren Lasten wird unseres Erachtens jeder Versuch zur Stabilisierung der Mark scheitern und nur zur nutzlosen Vergeudung der letzten Reserven Deutschlands führen, so lange Deutschland nicht für einige Zeit von den Zahlungen aus dem Versailler Vertrag entlastet wird." Von inneren Reformen fordert der Mehrheitsbericht nicht nur, wie der der Minderheit, Sparsamkeit in den Ausgaben und Strenge in der Eintreibung von Steuern, sondern auch, daß Kapitalaufwand für öffentliche Arbeiten nicht aus laufenden Einnahmen, sondern durch innere fundierte Anleihen zu decken sei. Von einer Konsolidierung der bisherigen unverzinslichen schwebenden Schuld ist ebensowenig im Mehrheitsbericht wie in dem der Minderheit die Rede; der Mehrheitsbericht streift — in ähnlichem Sinne wie der Minderheitsbericht — die wichtige Frage der schwebenden Schuld nur mit der Bemerkung: es sei „weder erforderlich noch möglich, unbedingt jeden Zuwachs in der schwebenden Schuld zu verhindern; nach erfolgter Stabilisierung würde es für kurze Zeit möglich sein, den für die Behebung der momentanen Schwierigkeiten erforderlichen Zuwachs zu gestatten". Auch im Mehrheitsbericht wird betont, daß beim derzeitigen Zustand die Ziffern der Handelsbilanz keine brauchbare Unterlage für ein Urteil abgäben. Hinzugefügt wird: „Wäre die Handelsbilanz wirklich in dem Maße passiv gewesen, wie von einigen angenommen wird, so hätte der Aufkauf von Markwerten durch Ausländer doch einen Umfang angenommen haben müssen, der jedes mögliche Maß übersteigt." Auch der Mehrheitsbericht nimmt an, daß nach erfolgter Stabilisierung eine Besserung der Finanzen im Sinne der Herbeiführung des Gleichgewichtes im Haushalte und eine Selbstkorrektur der Zahlungsbilanz zu erhoffen sei, allerdings unter der Bedingung, daß Deutschland nicht mehr das Recht vorenthalten werde, Zölle von der Luxuseinfuhr zu erheben und für die Ausfuhr die Meistbegünstigung zu fordern, endlich unter der Voraussetzung einer Revision des Friedensvertrages. Die Bedeutung der Einschränkung deutscher Reisen im Auslande, des Fremdenverkehrs in Deutschland und des sogenannten „Ausverkaufs", als unsichtbarer Posten des Exports, ist in beiden Berichten nicht eingehender gewürdigt.

Zeigten die sieben ausländischen Sachverständigen eine auffällige Übereinstimmung in den wesentlichen Punkten bei Beantwortung der beiden ersten deutschen Fragen, so ergibt sich auch, gegenüber der dritten Frage, in manchen Dingen überraschende Einigkeit. Die dritte Frage lautete: „Welche Maßnahmen müssen zur Stabilisierung getroffen werden, sobald die Voraussetzungen vorliegen?"

Eine provisorische Regelung der Stabilisierung erscheint beiden Gruppen vor endgültiger Regelung der Frage ein dringendes Gebot, allerdings unter der Voraussetzung, daß ein Moratorium gewährt wird und die erwähnten inneren Budgetreformen durchgeführt werden. Alle Sachverständigen nehmen an, daß dabei der Wert der Papiermark stark unter dem Wert der Goldmark stabilisiert, also eine Devalvation in Aussicht genommen werden muß. Der Mehrheitsbericht, unter dem Eindruck eines Dollarkurses von 7000 abgefaßt, nimmt einen Stabilisierungskurs von 3000 bis 3500 Mk. für den Dollar, der der inneren Preisgestaltung in Deutschland vor der letzten Teuerungswelle entspreche, als richtig an. Welcher Kurs der Minderheit vorschwebt, ist nicht so deutlich zu ersehen; doch ist die Rede von einer neuen Geldeinheit von $1/_{40}$ Pfund oder $1/_{10}$ Dollar als Goldwert, ohne daß aber anschaulich wird, wie die Umrechnung bisheriger Schulden in die neue Einheit zu erfolgen hätte. Der Minderheitsbericht führt aus, daß eventuell in einer Übergangsperiode eine Parallelwährung nötig sei, bei der die Papiermark in Zirkulation bleibe und die Goldmark als Rechnungsgeld diene. Jedoch hoffe man, daß ein direkter Übergang von der Papierwährung zur Goldwährung möglich sei; letztere sei als Ziel anzustreben.

Beide Gruppen von Sachverständigen nehmen an, daß also nicht zum damals herrschenden Tiefstand der Markvaluta, sondern unter Zugrundelegung eines höheren als des Tageswertes der Mark gegenüber dem Dollar die Stabilisierung angestrebt werden müsse. Der Minderheitsbericht hebt hervor, daß dann verhindert werde, daß die Markguthaben allzu sehr entwertet bleiben, und daß bei höherem Werte der Mark die Notenzirkulation nicht fortwährend weiter gesteigert zu werden brauche, da die derzeitige Notenzirkulation dann dem Bedarf des Landes genüge. Andererseits sei dann mit einem fühlbaren Preisabbau zu rechnen und ein Abbau der Löhne unvermeidbar, bei dem gewiß sehr ernste Schwierigkeiten zu bewältigen sein würden.

Die Meinungsverschiedenheiten beider Gruppen von ausländischen Sachverständigen liegen auf folgendem Gebiete:

Im Mehrheitsbericht wird betont, daß nach Erfüllung der bei Beantwortung der zweiten Frage gestellten Bedingungen die sofortige Stabilisierung durch Deutschlands eigene Kraft möglich sei. Bei einem Dollarkurs von 3500 sei der Goldbestand der Reichsbank doppelt so groß wie der Wert des Notenumlaufes. Dies sei eine noch nie dagewesene Lage. Keine andere Währung sei „mit einer noch ungenutzten potentiellen Reserve von derartigem Umfang zusammengebrochen". Der Minderheitsbericht sagt dagegen: „Die Stabilisierung der Mark kann nur unter Mithilfe eines erheblichen Kredits von ausländischer Seite, z. B. von 500 Millionen Goldmark in bisheriger Währung, durchgeführt werden." Der Unterschied ist jedoch nicht so weitgehend, wie es scheint, da für die weitere Reformaktion auch der Mehrheitsbericht die Mitwirkung eines internationalen Finanzkonsortiums fordert. Immerhin würde das Gold der Reichsbank bei dem System des Mehrheitsberichtes der späteren Reform durch Inanspruchnahme bei der vorläufigen Stabilisierung bereits zum Teil entzogen sein.

Beide Gruppen komplizieren den Plan zur definitiven Stabilisierung dadurch, daß diese Aufgabe nicht unmittelbar der heutigen Reichsbank anvertraut, sondern einer besonderen Institution übertragen werden soll. In den Einzelheiten gehen dann die Pläne weit auseinander.

Der Minderheitsbericht hält es für zweckmäßig, zur Durchführung der Markstabilisierung eine selbständige Organisation, etwa als Aktiengesellschaft, unter dem Namen „Geldbank" mit 100 Millionen Goldmark Kapital zu schaffen. Dies Kapital wäre von der Reichsbank in Gold einzubezahlen. Die Reichsbank erhielte dafür die Aktien der neuen Geldbank. Nicht hervorgehoben ist, daß dadurch erstens die Aktiven der Reichsbank noch mehr als bisher immobilisiert, zweitens der Goldvorrat der Reichsbank so stark vermindert würde, daß für sie die Möglichkeit einer Wiederaufnahme der Barzahlung wesentlich hinausgeschoben würde. Etwa 500 Millionen Goldmark müßten zur Verfügung der Geldbank von einem internationalen Konsortium in Form von Akzeptkredit bei ausländischen Banken aufgebracht werden. Die Geldbank müßte die provisorische Stabilisierung der Mark durch Ankäufe von Markguthaben und Marknoten auf ausländischen Märkten bewirken und hiezu über den gesamten ausländischen Kredit, von dem schon die Rede war, wie auch über einen möglichst hohen Betrag des Goldes der Reichsbank, zu verfügen haben. Im weiteren Verlauf müsse eine „Konversionskasse", deren Tätigkeit jedoch auch von der Geldbank übernommen werden kann, den Markkurs aufrechtzuerhalten suchen, sei es durch Ankauf von Devisen beim Steigen der Mark, sei es durch Kauf von Mark, wenn diese gestützt werden soll. Nach diesem Provisorium sei dann für die endgültige Stabilisierung „zu überlegen, in welcher Weise die noch im Umlauf befindlichen Papiermarknoten gegen Goldmarknoten oder entsprechende Guthaben ausgetauscht werden können. Nach Durchführung dieser Maßnahmen kann die Aufhebung der Geldbank in Frage kommen, und die Reichsbank wäre dann wieder allein mit der Notenmission und mit der Handhabung der Parität zu betrauen".

Der Mehrheitsbericht will in seinen „Richtlinien für die Stabilisierung der Mark" unter der Voraussetzung, daß die Reparationskommission einen zweijährigen Aufschub aller Zahlungen aus dem Vertrage von Versailles zugestehe, dieser vorschlagen, daß ein „selbständiges Währungsamt" (Board of Exchange Control) als besonderes Glied innerhalb der Organisation der Reichsbank zu schaffen sei, das von Eingriffen der Reparationskommission wie auch des Deutschen Reiches freigehalten werden müsse. Die Reichsbank habe diesem Währungsamt einen Teil ihrer Goldreserven zur Verfügung zu stellen; das Währungsamt solle Papiermark zu einem festzusetzenden Dollarkurs kaufen. Ein internationales Finanzkonsortium müsse bewogen werden, von Zeit zu Zeit auf Basis geeigneter Sicherheiten dem Währungsamt Vorschüsse zu gewähren. Aus diesen Vorschüssen und dem von der Reichsbank übergebenen Gold soll dann das Währungsamt eine Devisenreserve in der erforderlichen Höhe schaffen. Das Währungsamt habe Golddevisen abzugeben und zu kaufen gegen Papiermark, je nach der Marktlage zu festgesetzten Kursen, mit einer Spannung von nicht mehr als 5% zwischen Briefkurs und Geldkurs während der ersten Zeit. Zur Stärkung seiner Devisenreserve soll das Währungsamt in Gold rückzahlbare ein- bis zweijährige Schatzwechsel gegen Sorten, Devisen usw. ausgeben, ferner Devisen per Kassa kaufen und auf Termin wieder verkaufen. Ergänzt wird dieses Programm durch die Forderung, daß alle Devisenverordnungen zu beseitigen seien und freier und ungehemmter Verkehr in Devisen und ausländischen Wertpapieren wiederhergestellt werde. Bei dieser sehr begreiflichen Forderung ist jedoch nicht mitgeteilt, wie eine Zustimmung der Reparationskommission, die immer auf Kapitalfluchtbekämpfung durch positive Eingriffe hingedrängt hat, zu einer solchen Freigabe des Devisenverkehrs erlangt werden könne.

Der Mehrheitsbericht enthält nicht die Konzession, welche der Minderheitsbericht am Schlusse macht, daß während einer gewissen Übergangszeit der Regierung die Möglichkeit gegeben sein soll, „bis zu einem beschränkten, noch zu bestimmenden Betrage die schwebende Schuld zu vermehren, bis die günstige Wirkung der Stabilisierung zur Geltung gekommen ist". Im Gegensatz dazu sagt der Mehrheitsbericht in prinzipieller, später allerdings wieder eingeschränkter Formulierung: „Der Gesamtbetrag der schwebenden Schuld darf nicht über eine bestimmte Ziffer hinaus anwachsen. Weitergehender Kreditbedarf des Reiches wäre durch fundierte Anleihen zu decken." Wesentlich ist, daß hierbei nicht zwischen unverzinslicher und verzinslicher schwebender Schuld geschieden ist, obwohl beide Arten von schwebender Schuld, hinsichtlich der Inflationswirkung, ganz verschieden zu beurteilen sind. Für die künftige Gestaltung der Reichsbank entwickelt der Mehrheitsbericht folgendes Programm: „Die bei der Rückkehr zu normalen geschäftlichen Verhältnissen erforderlichen zusätzlichen Noten wären auszugeben gegen:

a) Diskontierung von Handelswechseln und Gewährung von Lombardkrediten an den Handel durch die Reichsbank und

b) Verkauf von Mark durch das Währungsamt gegen Devisen; daneben auch, allerdings in so geringem Umfange wie möglich und höchstens während eines Zeitraumes von 6 Monaten, gegen weitere Reichsschatzanweisungen, die zur Deckung des Defizits im Staatshaushalt in der Übergangszeit ausgegeben werden müßten, bevor das Budget ins Gleichgewicht gebracht werden kann."

Im Schlußanhang haben die Herren Vissering und Dubois, unter Zustimmung von Herrn Brand, zur Beantwortung der Anfrage des Reichsfinanzministers, wie sie sich die Intervention eines internationalen Syndikats zur Markstabilisierung dächten, noch ausgeführt, daß sie dafür seien, unter Zustimmung der Reparationskommission, sobald wie möglich eine Versammlung von Bankleuten aus Staaten mit normaler Währung einzuberufen, um die Gründung eines internationalen Syndikats zu erwägen. Dabei wäre wesentlich, daß Deutschland während der Tätigkeit des Syndikats und bis zur vollständigen Rückzahlung der erhaltenen Vorschüsse von allen Reparationsbarzahlungen und Sachleistungen befreit werde, ferner, daß mindestens 500 Millionen Goldmark in Form von Akzeptkredit in Wechseln des Reichs mit Bürgschaftserklärung der Reichsbank und ebensoviel durch Verpfändung von Reichsbankgold aufgebracht, also eine Milliarde Goldmark gesichert werde. Das Reich habe zur Sicherstellung des Syndikats für dessen Vorschüsse die Erträgnisse der Ausfuhrabgaben zur Verfügung zu stellen, und die Reparationskommission sei aufzufordern, für die Rückzahlung der von dem Syndikat gewährten Vorschüsse ein Prioritätsrecht vor sämtlichen Reparationszahlungen zu gewähren. Die Frage der Zinsbedingungen und Vermittlungsgebühren bleibe vorbehalten. Als seine persönliche Ansicht fügte Herr Brand, der im übrigen dieser Erklärung beitrat, hinzu, daß es nicht möglich sei, an den privaten Geldgeber in England zur Erlangung von Krediten für Stabilisierung der Mark heranzutreten, so lange nicht Gewißheit über Deutschlands zukünftige Verpflichtungen gegeben sei. Wenn nicht ein zweijähriges vollständiges Moratorium — mit Sicherheit über die deutschen Verpflichtungen am Ende des Moratoriums — gewährt werde, sei höchstens eine unterstützende Mitwirkung der englischen Bankwelt auf der Grundlage der Deponierung von Reichsbankgold an einem zentralen Platze möglich.

Ehe die Ausführungen der internationalen Sachverständigen nunmehr eingehend kritisch geprüft werden, ist es nötig, daran zu erinnern, daß Deutschland vor Einberufung der Sachverständigen eine Devisenverordnung erlassen hatte, die sich als ein Versuch der Bekämpfung der Spekulation in Geldsorten und Devisen unter dem Gesichtspunkt der Bekämpfung unerwünschter Symptome charakterisiert, und daß ferner das Projekt verkündet, aber damals noch nicht verwirklicht wurde, verzinsliche Goldschatzanweisungen des Reichs als eine „wertbeständige Vermögensanlage" dem deutschen Markte anzubieten.

Betrachten wir nunmehr die Äußerungen der auswärtigen Sachverständigen genauer, so wird der Fachmann mit Freude feststellen, daß in der Beurteilung der Handelsbilanzfrage sowohl der Mehrheitsbericht wie der Minderheitsbericht hoch über den Trivialitäten und Irrtümern steht, die in Deutschland begegneten, wenn damals von der künstlichen Herbeiführung einer aktiven Handelsbilanz und ähnlichem geredet wurde, daß die Forderung des Mehrheitsberichtes, in einem gegebenen Zeitpunkt den internationalen Verkehr in Wertpapieren und Devisen freizugeben und eine Einrichtung zu schaffen, um Devisen auf Termin zu kaufen, eine willkommene Deckungsmöglichkeit gegen Valutarisiko für den legitimen Handel vorsieht, daß endlich in der Erkenntnis der Notwendigkeit eines Moratoriums und einer Revision des Versailler Friedens für Durchführung der Stabilisierung der Mark mutig das Wesentliche hervorgehoben ist, und daß die Schwierigkeiten, welche sich der Herstellung des Gleichgewichtes im Haushalt vor durchgeführter Markstabilisierung entgegenstellen, zutreffend und gerecht gewürdigt wurden.

Im übrigen erinnert sich jeder theoretisch Gebildete bei den Vorschlägen der Mehrheit und auch der Minderheit an den Einfluß, den Ricardos und seiner Schule Anschauungen, insbesondere auch die Currency-Theorie und die Gedanken der Peelschen Bankakte neben Erfahrungen der Währungspolitik in britischen Besitzungen und in Südamerika auf die Sachverständigenvorschläge gehabt haben. Der architektonische Aufbau der Bank von England mit der Trennung von Bank- und Notendepartement schwebt offenbar bei dem Mehrheitsbericht vor, wenn eine besondere Abteilung bei der Reichsbank als Währungsamt abgezweigt werden soll, während beim Minderheitsbericht vielleicht ähnliche Ideen wie bei der österreichischen Sanierungsaktion festzustellen sind. Auch in Finanzfragen gilt, daß einfache übersichtliche Lösungen den komplizierteren, wenn möglich, vorzuziehen sind. Weshalb erst das Gold der Reichsbank abgezweigt werden und einer selbständigen Instanz anvertraut werden soll, um Operationen vorzunehmen, die von Rechts wegen der Reichsbank zukämen, ist schwer zu verstehen.

Nur wenn der Mentalität von sonst bereitwilligen Geldgebern nicht anders als durch Eingehen auf die ihnen vertraut erscheinenden Formen entsprochen werden kann, würde es zu rechtfertigen sein, daß Lösungen unternommen werden, welche nicht das an sich Zweckmäßigste darstellen; man müßte sich dazu eventuell entschließen, so lange man eben nicht die Sache einfacher und besser direkt durch die Reichsbank machen kann. Das Hauptbedenken ist aber, daß die Summe, welche für die Stabilisierung der Reichsmark in Aussicht genommen wird, für eine gründliche Besserung der Lage ungenügend[1]) ist, höchstens eine

[1]) Wenn der Kurs 3500 Mark gleich 1 Dollar, wie der Mehrheitsbericht es empfiehlt, würden 600 Millionen Goldmark (gleich 142,9 Millionen Dollars zum Wert von 419,78 Goldmark gleich 100 Dollars) etwas über 500 Milliarden Papiermark ergeben.

1000 Millionen Goldmark (gleich 238,22 Millionen Dollars) würden beim Kurs 3500 Mark gleich 1 Dollar 833770 Millionen Papiermark ergeben. Weder 500 noch 834 Milliarden Papiermark genügen, um die Ende Januar 1923 über 2081 Milliarden betragende unverzinsliche diskontierbare Reichsschuld zu konsolidieren.

Soll gründliche Arbeit geleistet werden, so muß entweder eine weit größere Anleihe, als hier angedeutet, beschafft werden oder ein der Mark ungünstigerer Stabilisierungskurs gewählt werden als 3500. Sonst bricht mit unzureichenden Mitteln unternommenen — bei Fortbestehen und der dann unvermeidlichen Weitervermehrung der unverzinslichen schwebenden Schuld die Aktion nach einer kurzen Zeit wieder zusammen.

Art Valorisation von vorübergehender Wirkung gestattet. Höchstens 1000 Millionen Goldmark würden nach dem Projekt der Mehrheit, nur 500 bis 600 Millionen nach dem der Minderheit für die Stabilisierung verfügbar sein. Hier rächt sich, daß nicht untersucht wurde, ob überhaupt ein Wirtschaften ohne Vermehrung der unverzinslichen schwebenden Schuld nach einer bloßen Stabilisierungsaktion möglich sein würde, und daß zwischen den beiden Typen der schwebenden Schuld, der inflationistisch wirkenden Ausgabe unverzinslicher diskontierbarer Schatzscheine und der Ausgabe von verzinslichen beim Sparerpublikum fest unterzubringenden einjährigen oder zweijährigen, währungspolitisch harmlosen Schuldverschreibungen nicht scharf genug unterschieden wurde. Eine völlige Wiederherstellung des für die Finanzen unentbehrlichen und wirklich ergiebigen freiwilligen inländischen Kredits ist nur möglich, wenn definitiv mit der Praxis gebrochen wird, die Reichsbank als Emittenten uneinlöslicher Noten in Anspruch zu nehmen. Die Sperre künftiger Notenausgabe gegen Reichsschatzscheine ist undurchführbar, wenn nicht vorher die Reichsbank wieder solvent gemacht ist. Sie kann nicht solvent werden, wenn nicht die bei ihr diskontierte schwebende Schuld ihr abgenommen wird. Weder ein neuzugründendes Noteninstitut noch eine Geldbank oder dgl. kann ihr die immobilisierte schwebende Schuld abnehmen, ohne selbst wieder immobilisiert zu werden. Rettung könnte nur eine Konsolidierung der bestehenden schwebenden Schuld an unverzinslichen Schatzscheinen bringen. Diese Konsolidierung kann nicht durch eine Steuer oder etwa durch eine inländische Anleihe erreicht werden; auch nicht durch Hingabe des Reichsbankgoldes. Denn wenn die Konsolidation von innen her, durch Deutschland selbst, unternommen würde, so würde dies heute heißen,

---

Für Einlösung von 1500 Milliarden Papiermark unverzinslicher Schatzscheine wären erforderlich gewesen:

| | beim Stabilisierungskurse 3500 Mk. = 1 $ | beim Stabilisierungskurse 7000 Mk. = 1 $ | beim Stabilisierungskurse 20000 Mk. = 1 $ |
|---|---|---|---|
| Goldmark . . | 1799 Millionen | 899,5 Millionen | 314,8 Millionen |
| Dollars . . . | 428,57 „ | 214,28 „ | 75 „ |

Mit der weiteren Vermehrung der diskontierbaren Schatzscheine seit Ende 1922 ist natürlich der für eine Konsolidierungsanleihe erforderliche Betrag entsprechend gestiegen. Was übrigens bei ungünstigerer Markbewertung in der Konsolidierungsanleihe erspart wird, geht wieder durch Forterhaltung der Kosten der Goldmarkbeschaffung für die Reparationen und der Teuerungszulagen für das staatliche Personal mehr als verloren.

daß dann die Papiermark zu einem winzigen Bruchteil ihres Nennwertes in Goldwert umgetauscht würde. Eine so rohe Devalvation aber ist in einem kreditwirtschaftlich hoch entwickelten Lande — von innen her angeordnet — eine Barbarei und ein teilweiser Staatsbankerott. Ganz anders, wenn die Maßnahme nicht — wie im Minderheitsbericht angeregt — mit einer neuen Geldeinheit verkoppelt wird, sondern vom Auslande her durch Ankauf und Verkauf der Markdevise zu niedrigem festen Kurse erfolgt unter Forterhaltung des bisherigen Nennwertes der nunmehr zu einem bestimmten Goldwert stabilisierten Mark. Wenn das Deutsche Reich seine gesamte unverzinsliche Schuld an dreimonatlichen Schatzscheinen bei deren Verfall unter Mitwirkung eines internationalen Konsortiums in fünfjährige verzinsliche, auf Dollar lautende Bonds umwandeln würde und das die Konvertierung garantierende internationale Konsortium in Newyork, London, Amsterdam, Skandinavien und Schweiz zu festem Kurs Marknoten und Auszahlung Berlin erwerben würde, so müßte der Gesamterlös der neuen verzinslichen Dollaranleihe verwendet werden, um bei der Reichsbank und am offenen Markt die vorhandene schwebende, unverzinsliche Schuld in Papiermark zum Nennwert zurückzuzahlen. Die Reichsbank empfinge Devisen statt der Reichsschatzanweisungsbestände; die einbezahlten Banknoten und die vom Konsortium zur Einlösung der unverzinslichen schwebenden Schuld zur Verfügung zu stellenden Giroguthaben des Konsortiums würden zu verwenden sein, um die Passiven der Reichsbankbilanz zu vermindern, sofern Garantien gegen Neuausgabe der zurückgeflossenen Banknoten geschaffen sind. Für den Rest ihrer Passiva ständen der Reichsbank, ohne daß große internationale Verschiebungen von Gold nötig wären, Devisen und gute kaufmännische Inlandwechsel sowie ihr Goldvorrat, also beste bankmäßige Deckung, zur Verfügung; die Reichsbank wäre dann fähig, die noch verbleibenden Noten des Umlaufes und ihre Girodepositen in Gold oder Golddevisen einzulösen. Voraussetzung dessen ist aber nicht nur, daß die unverzinsliche schwebende Reichsschuld als solche völlig verschwindet, wofür schon bei einem Stand von 2000 Milliarden Papiermark — geschwiegen seitdem — 600 bis 1000 Millionen Goldmark nicht genügen, sondern auch, daß für die Zukunft dem Reiche die Möglichkeit wiedergegeben ist, ohne Inflationswirkung Kredit beim Sparkapital aufzunehmen, und daß dann wirklich nach Wiederherstellung normalen Kredits eine Sperre des

Notenkredits für den Staat wirksam durchgeführt wird; ferner aber noch zwei Dinge: 1. daß die Reichsbank nicht ihres Goldvorrates beraubt wird, den sie zur Erfüllung ihrer Verbindlichkeiten benötigt und mehren muß; 2. daß sie von dem Bestand an Darlehnskassenscheinen befreit wird, der nur formal, aber nicht tatsächlich Bardeckung bedeutet. Von der Inflationswirkung, die neben den Reichsbanknoten die uneinlöslichen Darlehnskassenscheine ausüben, haben die sämtlichen sieben ausländischen Sachverständigen überhaupt nicht Notiz genommen. Und doch ist eine Stabilisierung verschwendete Liebesmühe, wenn nach provisorischer oder endgültiger Stabilisierung der Mark die Inflation durch Darlehenskassenscheine bestehen bleibt und womöglich noch anwachsen kann. Mit Auflösung der Darlehnskassen zu beginnen und das gesamte Lombardgeschäft bei der Reichsbank wieder zu konzentrieren, ist eine notwendige Ergänzung jeder gründlichen Stabilisierungsaktion.

Fassen wir zusammen: Die Gutachten der ausländischen Sachverständigen kranken daran, daß die Reichsbank eines Teiles ihres Goldbestandes beraubt wird, daß versäumt wird, mit der unverzinslichen schwebenden Schuld Deutschlands gründlich aufzuräumen, daß ein besonderes Institut als Währungsamt oder Geldbank geschaffen wird und damit die Einheitlichkeit der Aktion der Reichsbank gestört wird, endlich, daß mit dem Unfug der Darlehenskassenscheine nicht ein Ende gemacht wird. Der Ordnung wegen müßten auch die 360 Millionen Reichskassenscheine mitverschwinden, wenn wirklich reiner Tisch gemacht werden soll.

Deutschland würde sich auf einen bedenklichen, nicht ungefährlichen Weg der halben oder mindestens provisorischen Lösungen begeben haben, wenn die Vorschläge der Mehrheit oder der Minderheit der ausländischen Sachverständigen unbesehen von der deutschen Regierung übernommen oder von der Reparationskommission uns aufgezwungen worden wären. Vor dieser Gefahr hat uns indessen Frankreich gründlich bewahrt.

Das Ziel der französischen Politik ist — wie durch den Dariacschen Bericht der Welt bekannt wurde — darauf gerichtet gewesen, Verfehlungen Deutschlands festzustellen, um Ziele der Beherrschung durch Vergeltungsmaßregeln gegenüber Deutschland zu erreichen. Die Unfreundlichkeiten folgten einander, indem wegen Vorkommnissen gegenüber alliierten Militärkommissionsmitgliedern, wegen Mängeln in der Holzlieferung und in den Kohlenlieferungen böswillige Nichterfüllung deutscher Verpflichtungen behauptet wurde. Angesichts des deutschen Moratoriumsgesuchs vertrat zudem Frankreich das Programm: kein Moratorium ohne produktive Pfänder.

Im Januar 1923 bei der Konferenz der Alliierten weigerte sich der französische Ministerpräsident, auf einen durch Amerika übermittelten Vorschlag Deutschlands, der Frankreich gegen jeden Angriff sichern wollte, einzugehen; er weigerte sich, deutsche Vorschläge zur Reform der Währung und der Finanzen in Erwägung zu ziehen; er weigerte sich, ein von dem britischen Ministerpräsidenten Bonar Law unterbreitetes Projekt der Gewährung eines Moratoriums an Deutschland zu diskutieren.

Es erfolgte der bewaffnete Einmarsch der Franzosen, denen sich die Belgier anschlossen, ins Ruhrgebiet. Dieser bewaffnete Vorstoß gegenüber dem entwaffneten Nachbar konnte nur größtes Befremden bei denjenigen hervorrufen, die ein Fortbestehen irgendwelcher ritterlicher Traditionen bei der Nation des Cyrano de Bergerac vermuteten.

Vom Rechtsstandpunkt war einzuwenden, daß in dem Moratorium vom 21. März 1922 ausdrücklich nicht Sanktionen im Falle nichtausgeführter Sachleistungen vorgesehen waren, sondern nur, daß an Stelle der nichtausgeführten Sachleistungen entsprechende Zusatzzahlungen in bar gefordert werden würden. Die Regierungen Frankreichs und Belgiens glaubten sich auf § 17 und § 18 der Anlage II zu Teil VIII des Versailler Friedens stützen zu können. § 18 lautet: „Die Maßnahmen, zu denen die alliierten und assoziierten Regierungen, falls Deutschland vorsätzlich seinen Verpflichtungen nicht nachkommt, berechtigt sind, und die Deutschland sich verpflichtet nicht als feindselige Handlungen zu betrachten, können in wirtschaftlichen und finanziellen Sperr- und Vergeltungsmaßregeln, überhaupt in solchen Maßnahmen bestehen, welche die genannten Regierungen als durch die Umstände geboten erachten.“ Die deutsche Regierung erblickte in dem bewaffneten Einbruch ein mit dem Versailler Vertrag nicht vereinbares Vorgehen. An einem unparteiischen Gerichtshof zur Auslegung des Vertrags hat es gefehlt. Deutschland erachtete den Versailler Frieden als durch Frankreich und Belgien gebrochen und stellte gegenüber diesen Mächten die Reparationslieferungen nunmehr ein. Frankreich wendete Gewalt an, um Kohlen zu nehmen und sich in den Besitz von Geldsummen zu setzen. Der Dollarkurs in Berlin erreichte am 18. Januar 1923 den Satz von 23 025, am 31. Januar 1923 von 49 000 Mk. In New York sank der Kurs von 100 Mk., deren Parität 23,82 beträgt, am 31. Januar 1923 auf 0,27 Cents. Auch der französische Frank, dessen Parität 19,2957 amerikanische Cents beträgt, sank am 31. Januar 1923 beträchtlich, nämlich auf 5,965 Cents. Die französisch-belgische Besetzung wurde im Februar und März 1923 über das bisherige Gebiet hinaus weiter auf andere rechtsrheinische Plätze ausgedehnt.

Daß sich seit der Ruhrbesetzung die unverzinsliche diskontierbare Reichsschuld und der Notenumlauf ins Phantastische steigerten, war unter den gegebenen Verhältnissen unvermeidbar. Dies mußte sich wiederum in steigenden Dollarkursen und zunehmender Teuerung in Deutschland auswirken. Angesichts dessen entsprach die Reichsbank einer vaterländischen Pflicht, indem sie Devisen aus ihrem Besitz am Markt abgab und eine — zunächst nur augenblickliche — Besserung der deutschen Währung herbeizuführen suchte. Der Berliner Dollarkurs, der am 5. Februar 1923 auf 42 250 gestiegen war, sank am 14. Februar 1923 auf 23 500, zeitweise noch unter diesen Kurs. Es war zu befürchten, daß mit Erschöpfung des Devisenvorrats der Reichsbank ein Rückschlag eintreten werde. Dem sucht man dadurch vorzubeugen, daß eine Konzentration der deutschen Devisen in einer Hand zwecks Valutastabilisierung bewirkt wird. Diesem Zweck soll das Reichsgesetz über die Ausgabe von Dollarschatzanweisungen vom 2. März 1923 (RGBl. I, S. 155) dienen. Eine Anleihe von 50 Millionen Dollars ist vorgesehen, durch welche Devisen beschafft werden sollen. Selbstverständlich ist dies keine Maßnahme zur endgültigen Beseitigung der Mißstände der deutschen Valuta und nur entweder als politische Maßnahme oder vom finanziellen Standpunkt dann zu rechtfertigen, wenn darauf eine große Anleihe zur Konsolidierung der gesamten schwebenden Schuld folgen soll. Letztere aber müßte sich an das Ausland wenden.

## VI. Rückblick und Ausblick.

Es ist durchaus ungerecht, wenn Ausländer Deutschland vorgeworfen haben, es habe absichtlich seine Währung verschlechtert, um die Nichterfüllbarkeit der im Versailler Frieden ihm auferlegten Verpflichtungen behaupten zu können. Ist es aber richtig, wenn Deutsche behaupten, nur die Lasten des Versailler Friedens seien schuld an dem deutschen Währungselend? Würde Deutschlands Währung gesunden, wenn morgen Deutschland von allen weiteren Verpflichtungen aus dem Versailler Frieden befreit würde? Es wäre kühn, dies zu behaupten, wenn auch sicher ist, daß ohne Erleichterung der im Friedensvertrag auferlegten Lasten eine Erholung sich nicht vollziehen könnte.

Der wissenschaftliche Betrachter darf wohl einmal seiner Phantasie Spielraum lassen und zunächst fragen: War die Entwicklung, welche uns bisher immer tiefer in den wirtschaftlichen und finanziellen Abgrund des Währungselends führte, die einzig mögliche?

Stellen wir uns vor, Deutschland würde im Winter 1918/19 jenen Stimmen gefolgt sein, welche damals rieten, mit der Finanzierung des Reichsbedarfs durch unverzinsliche diskontierbare Schatzanweisungen haltzumachen und, dem Beispiel der Westmächte folgend, die Kreditaufnahme durch kurzfristige verzinsliche Anlagepapiere beim deutschen und ausländischen Sparpublikum ohne Inflationswirkung zu versuchen, eine Konsolidierung der unverzinslichen diskontierbaren Reichsschuld zu erstreben und darauf hinzuwirken, daß dann zum vollen Nennwert die Papiermark von der Reichsbank eingelöst oder wenigstens eine „Goldkernwährung" (mit Notenumlauf und unter Sicherung des Auslandskurses durch Devisenpolitik) auf dieser Basis aufrechterhalten werde. Jedenfalls würde solchen Plänen das durch den Waffenstillstand auferlegte Verbot der deutschen Goldausfuhr und die durch den Waffenstillstand herbeigeführte Minderung des Goldbestandes der deutschen Reichsbank größte Schwierigkeiten bereitet haben. Es ist ferner nicht zu leugnen, daß in den ersten Monaten nach der Revolution und später noch während der Unruhen der Spartakisten und der Rätebewegung bis zum Kapp-Putsch vor allem die damals der Arbeiterschaft eingehämmerten Sozialisierungspläne die deutschen Kapitalisten kopfscheu machten und erst recht das neutrale Ausland abschreckten, Kapitalien dem Deutschen Reiche in größerem Maße zur Verfügung zu stellen. Gewiß wären ferner mächtige Sonderinteressen bei einer Einlösung der Papiermark zum Nennwert damals durch den Abbau der Inflation berührt worden. Solche haben sich stets und überall nach einer Papierwirtschaftszeit gegenüber Barzahlungsplänen geltend zu machen gesucht. Wenn 1918/19 die Stabilisierung der Papiermark zum Nennwert durchgeführt worden wäre, würde selbstverständlich in Deutschland eine Umwertung der Werte, eine Deflation, eingetreten sein. Auf eine Preisrevolution im Sinne der Deflation folgen stets krisenartige Erscheinungen, Arbeitslosigkeit usw. Andere Länder haben dies nach Kriegsende durchgemacht. Die riesigen Staatsaufträge, welche mit dem Wiederaufbau nach dem Kriege und mit den Reparationsleistungen zusammenhängen, würden jedoch in Deutschland kaum eine so starke Arbeitslosigkeit haben aufkommen lassen wie in neutralen Ländern und den Siegerstaaten. Schließlich würde nach einigen Jahren die Anpassung an das Weltmarktpreisniveau erreicht und auch die Krisis überwunden worden sein; die Krisis steht Deutschlands Wirtschaft noch immer bevor, nachdem durch die gesteigerte Inflation inzwischen viel schärfere künstliche Preisverschiebungen herbeigeführt worden sind und der Zustand scheinbarer künstlicher Hochkonjunktur einmal doch ein Ende mit Schrecken nehmen muß. Das Wirtschaftsleben hätte die Deflation überwinden müssen, wie die Wirtschaft in den Vereinigten Staaten von Amerika nach Beseitigung der Zettelwirtschaft des Bürgerkriegs und nach Wiederherstellung der Metallvaluta schließlich die Schwierigkeiten überwunden hat. Was die Grundeigentümer, die Bergwerksbesitzer, die Schwerindustriellen und sonstigen Besitzer an Preissteigerung ihrer Sachwerte eingebüßt hätten, wäre ihnen durch die gesündere Lage der Finanzen des Reichs, der Länder und der Gemeinden wieder in zwei Vorteilen zugute gekommen: in der Wiederaufrichtung eines normalen öffentlichen Kredits und in Ersparnissen der öffentlichen Wirtschaft bei den Ausgaben für Personal und Material. Angesichts der Reparationslasten hätte dies bedeutet, daß bei Barzahlungen das Reich von seinen Steuerzahlern nur eine Milliarde Mark zu fordern brauchte, wenn es eine Milliarde Goldmark in Devisen aufzubringen hatte, und daß die Anschaffungen der Sachlieferungen sich zu erschwingbaren Preisen vollzogen hätten. Die Besitzer der Sachwerte, die scheinbaren Nutznießer der Inflation, hätten an Ausgaben, vor allem an Steuern, nicht die heutigen Milliardensummen für Personal- und Materialbedarf des Reichs, der Länder und Gemeinden aufzubringen gehabt und in verminderter Steuerlast so unendlichen Vorteil gehabt, daß vermutlich ihre Lage — nach einer schmerzhaften Übergangsperiode der Umwertung der Werte — nicht schlechter gewesen wäre als heute. Die Lohn- und Gehaltsempfänger hätten ein kaufkräftiges Einkommen, die Rentner und die Nutznießer der sozialen Versicherung wären nicht unterstützungsbedürftig geworden. Die Franzosen hätten nicht im Saargebiet und bei sonstigem Vordringen sich in ihrer Währungspolitik darauf stützen können, daß die Mark eine entwertete Lohnzahlung bedeute.

Es ist anders gekommen. Immer wieder hören wir das Schlagwort: Wenn die Notenpresse stillsteht, kommt eine neue Revolution, weil dann der Staat nicht zahlen kann. Dies Argument ist nur zutreffend, wenn es keinerlei Kreditmöglichkeit außer dem bei der Reichsbank beanspruchten Notenkredit gegeben hätte. Solcher freiwilliger Kredit fehlt aber nur so lange, als nicht gründlich die unverzinsliche diskontierbare Reichsschuld konsolidiert ist und solange unter den Aktiven der Reichsbank vorwiegend unverzinsliche Reichsschatzscheine und nicht bloß Gold, gute kaufmännische Inlandswechsel und Schecks sowie Devisen erscheinen. Heute ist, wie gezeigt wurde, eine gründliche Abhilfe nur unter Mitwirkung des ausländischen Kapitals möglich. Vorbedingung hiefür ist eine Atempause und eine Revision der Friedensbedingungen. Die bedrängte Lage Deutschlands als Schuldner müßte gemäß Art. 234 des Friedensvertrags berücksichtigt werden. Der Mehrheitsbericht der im November 1922 von dem deutschen Reichskanzler befragten Sachverständigen hat dies sehr präzis folgendermaßen ausgesprochen: „Die unverzügliche Stabilisierung der Reichsmark ist nach unserer festen Überzeugung eine dringende Notwendigkeit. Sie ist eine wesentliche Voraussetzung für die Rettung Deutschlands vor dem drohenden völligen Zusammenbruch. Sie ist ebenso wesentlich im Interesse seiner Gläubiger, deren Ansprüche ohnedem jeglichen Wert verlieren würden. Die Stabilisierung ist möglich, wenn diese Gläubiger sich bereitfinden zu bestimmten Zugeständnissen, über die wir uns nachstehend zu äußern haben. Die Stabilisierung hat aber in erster Linie auszugehen von Deutschlands eigener Kraft, dem Einsatz seiner eigenen Mittel, dem entschlossenen Vorgehen seiner eigenen Regierung."

Die angestrengte Tätigkeit der deutschen Regierung hat bis Ende 1922 nicht darin bestanden, den Abbau der unverzinslichen diskontierbaren Schuld und die Stabilisierung der Mark vorzubereiten und die öffentliche Meinung hiezu zu erziehen. An Führung auf diesem Gebiete hat es durchaus gefehlt. Dafür hat man alle Mühe darauf verwendet, sich der Inflation *anzupassen* durch fortgesetzte Lohn- und Gehaltserhöhung, durch Eingriffe mittels der Wuchergerichte, durch Niedrighaltung der Lebensmittelpreise, anfangs mittels der Zuschüsse in bar, später in der Form des Umlageverfahrens, ferner durch Reglementierung des auswärtigen Handels und des internationalen Verkehrs in Wertpapieren und in Devisen, schließlich durch Experimente mit Roggenwertanleihen und Kohlenwert- und Dollaranleihen. Es war fast, als ob die Papierwirtschaft, welche beharrlich offiziös mit dem irreführenden Namen „Geldentwertung" gekennzeichnet wird, etwas Unabwendbares wäre und nicht durch eine beharrliche geschickte Politik korrigiert werden könnte. Die Voraussetzung einer Abhilfe liegt nicht nur in einem zielbewußten deutschen Verhalten, sondern auch darin, daß unsere Gläubiger Vernunft annehmen. Bei den Engländern ist schon in der letzten Regierungszeit von Lloyd George und erst recht seitdem der Standpunkt durchgedrungen, daß man einen Schuldner und einen guten Kunden nicht rettungslos ruinieren darf.

Es kann heute weniger als je davon die Rede sein, daß die deutsche Wirtschaft, die durch Krieg, Revolution, Reparation bereits entkräftet war, nach den durch das Eindringen der französischen und belgischen Truppen seit Januar 1923 ihr zugefügten schweren Schädigungen die Mittel zu Reparationen in dem Umfange aufzubringen vermöchte, wie dies im Versailler Frieden und im Londoner Zahlungsplan vom Mai 1921 vorgesehen war. Es gibt hier nur zwei Möglichkeiten. Entweder erscheint es den Gläubigern Deutschlands richtig, auf Bedingungen zu bestehen, die auch bei bestem Willen vom Schuldner nicht erfüllt werden können, und bei deren auch noch so beflissener Erfüllung Deutschland Verstöße nachgewiesen werden können, die zu Gewalttätigkeiten ausgenutzt werden. Dann sind Deutschlands Finanzen rettungslos ruiniert. Aber Hand in Hand mit Deutschlands Niedergang droht dann ein Zustand, bei welchem nicht nur Deutschland der leidende Teil ist. Es droht Europa, wenn es sich in inneren Zwistigkeiten aufreibt, die ernste Gefahr, daß es die ausschlaggebende Stellung, welche es in der Welt trotz seiner Kleinheit hatte, ebenso einbüßt, wie im Altertum das angesichts der vordringenden Römer sich in inneren Kämpfen zerfleischende Griechenland seine Bedeutung verlor.

Oder die Vernunft siegt noch, ehe es zu spät ist. Sie fordert, anzuerkennen, daß Deutschlands Gläubiger auf erhebliche finanzielle Leistungen des Schuldners nur rechnen können, wenn es Deutschland nicht unmöglich gemacht wird, seine Finanzen und seine Währungsverhältnisse zur Gesundung zu bringen. Dies kann nur erfolgen, wenn mehrere Bedingungen erfüllt werden:

1. Die Besetzung deutscher Gebiete muß aufs äußerste eingeschränkt werden.

2. Eine Atempause in Barleistungen und Sachleistungen muß Deutschland zugestanden werden.

3. Der Versailler Frieden und der Londoner Zahlungsplan vom Mai 1921 müssen gründlich zugunsten Deutschlands revidiert werden, und es muß vor allem an Stelle der Reparationskommission eine unparteiische Instanz gesetzt werden, die über Auslegung des Friedensvertrags usw. und über die Bewertung der Sachlieferungen entscheidet. Es wären die im Widerspruch mit Wilsons 14 Punkten aufoktroyierten Militärpensionen zu Lasten Deutschlands nicht mehr zu fordern, die Schadensrechnung wenigstens auf die gröbsten Ungerechtigkeiten hin zu revidieren, der Mißbrauch zu beseitigen, daß die Kosten übertriebener militärischer Besetzung die Leistungen Deutschlands aufzehren und nichts Wesentliches für den Wiederaufbau übrig lassen.

Die Aussicht, daß Deutschland eine große Reparationsanleihe zur sofortigen Abtragung der gesamten, dann wesentlich reduzierten Schuld von irgendwem gewährt wird, muß auch für diesen Fall als eine Utopie bezeichnet werden. Dagegen wäre eine Gesundung durch eine Anleihe zur gründlichen Konsolidierung der gesamten unverzinslichen diskontierbaren Schuld — sowohl der bei der Reichsbank wie der außerhalb der Reichsbank untergebrachten — und Beseitigung der Zettelwirtschaft bei einigem Entgegenkommen der Gläubiger Deutschlands keine Unmöglichkeit. Ohne daß aber die Reparationskommission hiefür Pfänder frei gibt, ist eine solche Konsolidierungsanleihe nicht zu erreichen. Die Anleihe dürfte nicht zu klein sein und müßte dagegen gesichert werden, daß der Erlös etwa durch Reparationsansprüche oder deutsche Einfuhranschaffungen ihrem Verwendungszweck entfremdet wird. Die Geldmächte des Auslandes und die Gläubiger Deutschlands müßten zu diesem Rettungswerk mitwirken. Vor allem aber Deutschland selbst. Es müßte sich klar sein darüber, was man tun muß, und was man wollen muß. Deutschland muß geistig gerüstet sein für die Stunde seiner Rettung. Hiezu einiges Material und einige Gedanken zu liefern, war der Zweck dieser Zeilen.

## Anlage.

A. Stand und Entwicklung der deutschen Reichsschuld in 1000 Mark (Stat. Jahrbuch für das Deutsche Reich 1921/22 S. 367, Wirtschaft und Statistik vom 31. Januar 1923).

| | Ende März 1914 | Ende März 1918 | Ende März 1919 | Ende März 1920 | Ende März 1921 | Ende März 1922 | Ende Dez. 1922 |
|---|---|---|---|---|---|---|---|
| I. Langfristigere Reichsschulden: | | | | | | | |
| a) Reichsanleihen | 4 697 897,6 | 64 122 580,7 | 80 988 272,8 | 77 641 199,2 | 69 341 323,7 | 55 131 454,2 | |
| b) Sparprämienanleihe | — | — | — | 3 627 496,6 | 3 628 952,0 | 3 507 692,0 | |
| c) Verzinsl. Schatzanweisungen | 220 000,0 | 7 792 842,4 | 11 408 138,5 | 10 681 094,6 | 9 189 674,3 | 7 028 506,3 | |
| I. a c insgesamt | 4 917 897,6 | 71 915 423,1 | 92 396 411,3 | 91 349 790,4 | 82 159 950,0 | 65 667 652,5 | |
| II. Kurzfristige und stets fällige Reichsschulden [1]): | | | | | | | |
| a) Unverzinsl. Schatzanw. | — | 33 028 500,0 | 63 696 000,0 | 91 473 404,9 | 166 329 186,6 | 271 935 165,3 | 1 494 944 976,9 |
| b) Reichskassenscheine | 240 000,0 | 360 000,0 | 360 000,0 | 360 000,0 | 360 000,0 | 360 000,0 | 360 000,0 |
| II. a—b insgesamt | 240 000,0 | 33 388 500,0 | 64 056 000,0 | 91 833 404,9 | 166 689 186,6 | 272 295 165,3 | 1 495 304 976,9 |
| I.—II. Summe der Reichsschulden | 5 157 897,6 | 105 303 923,1 | 156 452 411,3 | 183 183 195,3 | 248 849 136,6 | 337 962 817,8 | — |

B. Darlehnskassenscheine in 1000 Mk. (nach den Berichten der Darlehnskasse).

| | | | | | | | |
|---|---|---|---|---|---|---|---|
| Gesamtbetrag | — | 8 650 000,0 | 17 872 500,0 | 27 786 500,0 | 34 068 000,0 | — | |
| Davon im freien Verkehr | — | 6 993 523,5 | 10 908 615,4 | 13 666 039,6 | 10 119 117,6 | — | |

C. Einige Ziffern in 1000 Mk. aus den Wochenausweisen der Reichsbank (nach den Jahresberichten der Reichsbank).

| | | | | | | | |
|---|---|---|---|---|---|---|---|
| Notenumlauf | 2 427 670 | 11 977 807 | 25 490 489 | 45 169 720 | 69 417 228 | 130 671 352 | 1 280 095 000 |
| Sonstige stets fällige Verbindlichkeiten | 890 487 | 9 029 669 | 14 502 943 | 18 498 429 | 15 206 391 | 33 358 332 | 530 526 000 |
| Diskontierte Wechsel, Schecks und Reichsschatzanweisungen | 1 361 818 | 16 034 259 | 30 187 270 | 44 575 764 | 64 533 394 | 148 682 924 | 1 606 699 000 |
| Metallbestand | 1 579 445 | 2 526 876 | 1 936 690 | 1 134 338 | 1 100 616 | 1 016 163 | 1 074 000 |

D. Durchschnittskurse für telegraphische Auszahlungen in Berlin" (Stat. Jahrb. f. d. D. R. 1921/22, S. 226, 227).

| | Parität | Jahr 1918 | Jahr 1919 | Jahr 1920 | Jahr 1921 | März 1922 | Dezember 1922 |
|---|---|---|---|---|---|---|---|
| Schweiz 100 Fr. | 81,0 | 131,42 | 371,21 | 1045,21 | 1869,33 | 5545,09 | 143 585 |
| Newyork 1 $ | 4,1978 | — | — | 63,06 | 104,57 | 284,19 | 7 589,27 |

[1]) Hierin nicht enthalten: 1) Weitere Zahlungsverpflichtungen aus Schatzanweisungen und -Wechseln (Ende Dezember 1922 303 697,8 Millionen).
2) Sicherheitsleistung mit Schatzanweisungen und -Wechseln (Ende Dezember 1922 294 170,0 Millionen),
3) Postscheckguthaben der Kunden (durchschnittlich im Dezember 1922 173 720 Millionen).

FSC
www.fsc.org
MIX
Papier | Fördert gute Waldnutzung
FSC® C083411

Kolibri 360 GmbH
Ferdinand-Jühlke-Straße 7
99095 Erfurt, Deutschland
produktsicherheit@kolibri360.de

Druck:
CPI Druckdienstleistungen GmbH
im Auftrag der
Kolibri 360 GmbH
Ferdinand-Jühlke-Str. 7
99095 Erfurt